2年目の再分裂
「任侠団体山口組」の野望

デザイン／あそびデザイン

第0章　産声

任侠団体山口組　池田幸治本部長（四代目真鍋組組長）

まず一点、貴重なお時間えらいすいません。ご苦労さんです。今からお話しすることは、一言一句間違いのないようによろしくお願いします。

本日付けをもちまして「任侠団体山口組」、結成いたします。

代表、織田絆誠、不肖、私、本部長を預かります池田幸治です。宜しくお願いいたします。

一昨年8月27日神戸山口組の大義に感銘を受け、我々若手中堅は日本全国でその大義を信じて汗を流させていただきましたが、残念ながら大義とは名ばかりの一部の上層部の恨み辛みの私利私欲であった、という事実を目のあたりにしてしまいました。

「本来の山口組に戻すため」、「山口組を糺《ただ》すため」、そして「我々年寄りはどうなってもいいんだ」と。「若い者の未来、将来のため、立ち上がるのでついてきてほしい」という言葉に感動し、この1年数カ月我々なりにがんばって参りました。

振り返りますと、誠にもって残念の極みであります。

任俠団体山口組は神戸山口組が実行しなかった大義を本日より実行し、尚且つ山口組中興の祖である山口組三代目・田岡一雄親分の意に沿う親睦団体にして参ります。山口組綱領にある「国家社会の興隆に貢献せんことを期す」を第一に、任俠の原点に返り日々精進したく感じます。

まず、名古屋方式を否定して立ち上がった神戸山口組であります。その名古屋方式の悪政は数々あれど、大きく分けると第一に金銭の吸い上げ、第二に当代の出身母体のひいき、第三に当代が進言、諫言を一切聞かない。「これでは山口組が自滅の道を辿る」と、真っ向から否定して立ち上がったにもかかわらず、神戸山口組の現実はその名古屋方式にも劣る、それ以下の悪政でした。

1年数カ月間続けられた悪政の数々の中で4名の大御所の方が、心折れながらも分裂によって若い者を巻き込んだ責任から結成1年後、昨年の8月に3つの改革案を進言、諫言したところ、これは当代の言葉です、

「あれもこれも言うなら、組長は降りる。頭《かしら》、組長を代わってくれ」

と。理解しがたい、耳を疑う暴言でした。

先程申し上げた恨み辛みの話をさせてもらいます。

みなさん、記憶に残ってますよね。昨年9月の新神戸駅での思い出すだけでも恥ずかしいあのサイン騒動。一家の若頭たる寺岡（修）会長にも知らせず、入江（禎）副長、池田（孝志）舎弟頭にも知らせず、山健組の織田（絆誠）副長、伏見（繁造）若頭、生島（仁吉）舎弟頭、與（則和）本部長にも知らせず、こそっと健竜会、中田（広志）若頭代行を呼び指令指示し、あの恥ずかしい騒動が起こったわけであります。仮にこのたびの分裂が10年間の恨み辛みを晴らすことが目的なら、このサイン騒動は正解でしょう。しかし、山口組を糺すため、若い者の未来、将来のために立ち上がったと公言するならば、あのサイン騒動は我々の業界では絶対にあってはならんことなのです。「いつの日か、2つの山口組を1つにして、若い者の将来のために山口組を糺す」という大きな目標を井上組長自ら潰してしまったのです。我々若手中堅を含め、神戸の大義を信じてがんばってきた大勢の者が、目標を失い、目の前が真っ暗になり、まさに絶望した瞬間でした。

先程お話しした改革案、3つのうちの1つの中に、当時の（織田絆誠）若頭代行の山健組（副組長）との兼任を外すという話が入っておりました。昨年8月の時点で、大御所4名の方々に

「山健組から席を外し、神戸山口組に専念するように」

要望され、うちの代表は明確に承諾したにもかかわらず、いまだにはっきりと決めずにずるずると今日に至っているわけです。

それと1つ。織田代表という人物は山健組の跡目がどうこうよりも、今苦しんでいる山健組の組員たちをどう救うか、全国の神戸山口組の一門の者をどう導くか、そこを一番に考える男なんです。

ここで、任俠団体山口組について、少しお話しさせていただきます。本来、我々の業界では盃を重んじ、忠誠を誓うというのが本筋ですが、昨年8月27日にその盃の意味を崩壊させ、合わせて絶縁、破門状の重みを崩壊させたのが神戸山口組であります。この現状の中で、我々は盃よりも精神的な同志の絆に重きを置き、あえて盃事は一切執り行いません。

また、組長はあえて空席とし代表制という形を取りましたが、これは我々が当然のごとく組長は織田代表がなるものと思い、みなで再三お願いに上がりましたが、代表のたっての強い意志のもと固辞され承諾は得られず、組長は空席となりました。

これは

「従来のような我々の業界のあり方では、この新しい船が意図する本来の趣旨に反するのではないか?」

と、代表に問われ、本来、我々の業界では下の若い者が上を支えるのが当然とされてきましたが、任侠団体山口組では

「みなが平等で、共に支え合い、助け合えるような組織づくりをしたい」

と、切に願われ、やむなくこのような形を取ることとなりましたことをここに報告させていただきます。

また、人事詳細については、後日改めて発表させていただきます。

ちなみに神戸山口組側の一部の者が、「織田は人事に不満を持って出るだろう」とか、「金

銭がらみがどうこうならず」という印象操作を雑誌やネットを使い、一生懸命ねつ造してくれていますが、真実は今お話しさせていただいた通りです。

一昨年8月27日に公言した神戸山口組の大義を嘘で終わらせず、真にするため立ち上がったのです。真の山口組、真の任俠団体をつくり上げるためであることをお伝えしておきます。それでは、先程お話ししました神戸山口組の今までの現実をお話しさせていただきます。

第一に金銭の吸い上げについて、山健組サイドからありのままをどうぞ。

久保真一本部長補佐（山健同志会会長）

まずさかのぼって一昨年8月27日の結成日翌日、8月28日に山健会館4階大広間にて当時100名以上の山健組直参が集合した席上の、四代目井上組長の発言内容から説明させていただきます。

まず名古屋方式の悪政の数々、中でも多額の会費徴収、プラス日用品や雑貨などあの手この手の吸い上げ、組員の顔を見れば「金」、「金」、「金」という執行部の姿勢、篠原（山口組本部の意）の現状をながながと説明した後の言葉が、

「不本意ながら山健組のみなさんには金の苦労をさせざるを得なかったのだ。これからは山健組のみなさんにはそういった無駄なお金の苦労をしてもらわなくてもよい、会費も下げられる」

と。

そう言ったにもかかわらず、分裂以降ふたをあけてみたら、一向に金銭の吸い上げが止まず、会費と年8回の臨時徴収、さらに「登録組員1名につき、1万円を徴収する」という名古屋方式の上をゆくようなお金の吸い上げをその後も続けており、多額の使途不明金の詳細もわからないまま、山健組組員においては財産全てを持っていかれるような思いを持ち続けていた次第です。

あの8月28日にみなに頭を下げ、「みなさん、もう少し私にヤクザをさせてください」

と号泣しながらの所作はなんだったのか、今となっては頭をかしげる次第です。

後をお願いします。

金澤成樹本部長補佐（山健連合会会長）

四代目山健組は一昨年の8月27日、名古屋弘道会を非難し大義をかざし神戸山口組を立ち上げたわけですが、現在神戸山口組の主要組織である四代目山健組の運営の中身は、弘道会を非難したことと同じようなことをしているのです。そのほんの一例をあげさせてもらえば本年1月31日、名古屋で自決した山健組中京ブロック長、藤森（吉晴）若頭補佐のことは、みなさんのご記憶にも新しいことと思います。

藤森ブロック長が何ゆえ自ら命を絶つようなことになったのかを、ご説明します。

昨年9月、藤森ブロック長は、分裂以降名古屋という土地柄もあり、組合のシノギがほぼできなくなったということもあり、経済的に行き詰まり会費を滞納するという状況に

なっていました。そしてそれを払えるめどもない中で、意を決して山健組本部に上がり、その窮状を訴え

「役を降りさせてほしい」

と、松藤組跡目の高倉（重典組長・四代目山健組若中）の兄弟と一緒に、お願いにいったそうです。

その時対応したのは伏見（繁造）若頭、與（則和）本部長、中田（広志）若頭代行の3人だったそうです。そして、その3人と藤森ブロック長との4人で約2時間ほど話し合いをした後、別室で待たされていた高倉の兄弟が呼ばれ、その3役から、

「藤森の会費滞納額が150万ほどある。高倉、先代が困っとるんやからなんとか助けてやれんのか」

と言われたそうです。高倉の兄弟は

「先代を助けたいのはやまやまなんですが、今の私にはその余裕はありません。『なんとかしてつくれ』と言われるのなら、事務所を処分して、お金をつくるくらいしかないんです」

と返答したそうです。

すると、伏見若頭が
「事務所は山健組の出城やから、売ることはできんやろ」

と言った後、驚くことに
「事務所を担保に金をつくれんのか」

と言ったそうです。高倉兄弟は、

「わかりました、借りれるかどうかがんばってみます」

としか言えず、その後、藤森ブロック長と名古屋に戻り数日かけて走り回り金を出してくれる人を探したそうです。しかし今のご時世、ヤクザの事務所を担保に金を貸してくれるような人は中々見つからず伏見若頭に連絡を入れ、

「貸してくれそうなとこを探しましたが、どこも貸してくれませんでした」

と報告したそうです。すると、伏見若頭は
「中田の代行が担保で金を出してくれるところを知ってるそうやから、こっちで動いても

ええな」

と言い、中田代行の若衆である名古屋在住の健竜会中山氏という男から高倉兄弟に連絡が入り、事務所担保の融資をするための作業に入ったそうです。そして中田代行が言ってきた条件が、1千万以上の評価がある物件にかかわらず、

「500万なら出せると先方が言っているとそれでもいいか？」

と、聞いてきたそうです。藤森ブロック長、高倉兄弟にしてみたら会費の未納200万近くを「払え」と言われ、無理だとギブアップしている状態で、その2人に選択の余地もあるわけなく「お願いします」となったそうです。しかもその後、

「金利がつくんですが、三分ですいいですか？」

と言ってきたそうです。当然言えるはずもなく、「お願いします」となったそうです。

しかし毎月15万円の金利を藤森ブロック長はもちろん、高倉兄弟も払うことができなかったため、その旨を伝えると、

「それなら金利は3年間据え置きで、3年後に元金と金利3年分を一括して払ってくださ

い、その代わり抵当権ではなく所有権を変えてもらいます」

と言って、去年の11月28日に松藤組事務所の所有権が、高倉兄弟の名義から、健竜会中田代行の若衆の名義に代わっているのです。

これが同じ身内、仲間のやることですか。

分裂以降、敵地名古屋で命がけでがんばっている者から会費を取るというのも酷なことですが、それを滞納したからといって事務所をかたに抑えますか。誰が聞いても「これは仲間のすることじゃない」と言います。

山健組執行部三役揃いも揃って、こんなことを進めて親分がそれを知らないと思いますか。こんなことをしておきながら報告をしていないことなどあり得ないです。自分で戦争をしかけて、最前線で戦っている兵隊から、兵糧も武器も取るようなことではないですか。普段から「団結が大事や」、「和が大事や」、「助け合いや」と言っているのは口だけなんです。嘘なんです。山健組の組員全員が、親分が金を持っていないとは思っていないでしょう。お金があるのに助けてやらないんです。

私は高倉の兄弟にひょっとしてと思い、藤森ブロック長が亡くなった時、

「本部から香典が出たか？」

と聞いたんです。

「出てない」

と言ってました。

「自殺なら出ない」

と。これが山健組の実状です。敵地の中で戦わせておきながら、搾り取るだけ搾り取り、残った唯一の財産まで取り、己が死に追い込んでいるのにそしらぬ顔をし、自殺だからという理由をつけて香典すら出そうとしない。

香典で私がひょっとしたらと思って高倉の兄弟に聞いたのが、昨年10月に亡くなった和歌山の紀州連合松下（功組長）兄弟の時も香典を遺族に渡してやってないからです。当時私は南ブロック長代理をしていましたので、葬儀が終わって伏見カシラに会計報告をし、会計責任者の中田代行と私の3人で親分に報告にあがったんです。その時親分は

「松下の嫁は、松下が懲役に行ってる時に籍を抜いとるんやろ。嫁の評判もようないし、そんな嫁に金を渡したら飲み食いして子供のために金使わんのちゃうか」

と言い出したんです。その後、我々3人は親分の部屋から退出し、一旦カシラの部屋に戻ったんですが、その時中田代行は

「親分があぁ言っていたので渡し方考えるので、一旦残りのお金を預かっておきます」

と言ったので、私は香典の残金約200万程を中田の代行に渡したのですが、その後それを遺族に渡してやることはなかったのです。以上です。

池田本部長

第二に当代の出身母体のひいきについて、これは古川組サイドからどうぞ。

山﨑博司本部長補佐（三代目古川組組長）

古川組としましては当代の出身母体のひいきについてお話ししたいと思います。

うちの組が神戸山口組に移籍してすぐの昨年3月に、山健組のとある組織の若い者とうちの組の枝の若い者が揉め、うちの者が重傷を負わされる事件があったんです。この事件はうちの者は一方的にやられているのにもかかわらず、相手が当代の出身母体の山健組ということもあり、こちらとしては最善の気遣いをし神戸山口組内の揉めごとであるから六代目体制と全く違う裁きをしてくれると信じ、山健組の誠意に任せたが、結果、神戸山口組が謳う「当代の出身母体のひいきをしない」とは程遠い真逆の結果となり、断腸の思いで不本意な結果を受け入れたんです。

うちとしては、この一件で組として大変寂しい思いをしたんです。不本意な裁定とはどのようなものか、詳細をうちのカシラの方から説明させます。


新井孝寿情報戦略局長（三代目古川組副組長）

ここからはざっくばらんにいきますんで。うちはみなさんご存じの通り六代目から神戸へ希望を持って参加した組織の1つとして、ありのままの現状をお話ししますんで。現場の声いうことで。

まず始めに移籍当時六代目側から約3カ月遅れで我が古川組として移籍したわけだが、当時、裏切り者だの風見だの言われました。いろいろと。その中で我々は神戸山口組というものの大義ですね、「金は吸い上げない」、「出所びいきしない」。いろいろなことを聞いて「これは六代目とは違う」と、希望を持って移籍、なみなみならぬ覚悟でみな行った。

実際、当初、うちとしては経費的なものはぐっと下がり、「これはほんまやな、これは行って良かったな」と組員一同安堵した場面もあったが、実際月日がたってものを見ていくと、結局ふたをあけたら何も変わりなかった。

今説明しましたけどもまず内輪揉めをしないで、敵は六代目の名古屋方式という中で、まさか夢にも、当代の出身母体山健組の人が手前どもの枝の若い者がけがを負わされた。そのこと自身が耳を疑いました。その流れの中でうちとしては断固抗議した。これは「名古屋と花隈は違う」と抗議したが、結局あっさりと「当事者だけ破門」ということで言い渡しがあり、済まされたわけです。

本来我々の世界で、当事者が逆で、うちの古川の者が加害者であれば、当事者即刻絶縁、そこの親方なんらかの処分、これは当たり前のこと。当たり前と思っていた裁定すら下されないという神戸山口組で、12月に移籍して去年の3月くらいの事件ですか、あれちょっと違うなと。我々は後からの参加組ですが疑問を呈したところもありまして、その流れで飲むとこは飲みました。やはり相手は山健組。我々弱小は辛抱するとこは辛抱せなあかんのかなと。

結局なんやったのかなと思いながら月日が過ぎまして、またびっくりするような話が耳に飛び込んできたのが、破門されていた当事者がなんの承諾もなく、普通であれば我々の世界では、被害者である我々どもにおうかがいをたてて了承をもうて、はじめて復縁状を巻いてというのが当たり前のこと。これ一切なく、当事者が、これもうちの者が捜しあてきたんですけど、破門された組織へ何事もなかったかのように出入りをしていた。

それを聞いた時、間違えやとなんらかの、神戸に関してそれはないやろと言うてる最中に次の一報が耳に入りまして。なんやというとその組織の代目が山健組内で代わりまして、代目継承の盃の席に、これは嘘やろと思いましたけども、神戸山口組組長が後見人として列席し、そこに当事者がそれなりのポストをもらって盃を飲んでいたということを聞いて、正直耳を疑いましたし、理解しがたい。

正直な気持ちやっぱり六代目、神戸と、うちはいろいろ渡りあるいて、結局当代の母体であればなんでもありなんやなと。結局、なんでも名古屋名古屋でした六代目の時は。「名古屋通るから道あけ」ですわ。結局神戸行っても山健やから道あけなあかんのかと。うちはプラチナプラチナ（直参の意味）言ってますけど、結局山健の枝の組織、そこ以下の扱いをされたわけで、名ばかりでプラチナやなかったんやと。組一同この一件で、正直な話、神戸に希望持っていって3カ月この事件があり今年の2月ですか、それから1年後、正直言うと希望は冷めた瞬間といいますか。こういうような現状なんですね。

だから古川としましても、新しい団体に希望を持ってがんばっていくわけですから。内容的にはそんな感じです。

池田本部長

まあ、最後に第三に、進言、諫言を一切、全く聞き入れなかったという事実をお伝えしておきます。皆さん、長いこと、本日はお集まりいただき、誠にありがとうございました。それとですね、任俠団体の「俠」。中の字は人です。俠友会さんの俠。ここだけは間違えないように。一方的な決意表明になりましたけど、よろしくお願いします。

新井情報戦略局長

これ雑誌また見ますし、ちゃんと書いてくれた雑誌社はまたお受けします。

池田本部長

そのままでお願いしますよ。もし、これに関しての聴き取りにくかったと、こういう部分は質疑応答はできませんが、担当を決めますので。ただその時に質問とかは勘弁してください。

新井情報戦略局長

今日は言われんけども、組織名変更するところも出てきます。

池田本部長

さっき言ったように、役とかについては後日。今日一回じゃないんで、これからも機会があればと思てますんで。

（氏名・役職は5月30日時点、文中「、」「。」「（　）」は筆者）

第1章　4・30結成「任侠団体山口組」の大義

山口組再分裂

２０１７年4月30日、任俠団体山口組は記者会見でこう訴えた。新組織結成にあたっての記者会見は、１９８４年の四代目山口組跡目に反発して離脱した、一和会以来のことである。その後、四代目山口組と一和会は血で血を洗う山一抗争へと突入していったのだ。

15年8月27日の六代目山口組分裂後も、その勢力に微塵の衰えも見せていなかった神戸山口組。六代目山口組・司忍組長の出身母体である「弘道会」の本部所在地、名古屋をもじった「名古屋方式」と呼ぶ組織運営方針に反旗を翻して結成された神戸山口組に、亀裂が生じていたなどと誰が想像することができただろうか——。

だが今年4月初頭頃から兆しは現れ始めていたのだ。

神戸山口組組長で、四代目山健組組長を兼任する井上邦雄組長から絶大な信頼を得ていると思われていた元神戸山口組若頭代行で山健組副組長だった、現在の任侠団体山口組の織田絆誠代表が

「神戸山口組を割って出て、新たな組織を立ち上げるのではないか」

という「噂」が、組織内外の関係者の間を駆け巡ったのである。

風聞とは、その範囲が広まるにつれ「信ぴょう性の高い情報」とされていくもの。「織田代表離脱説」は一緒に離脱する有力幹部組長の実名を伴いながら言い立てられた。それは「まず神戸山口組から二次団体が6社離脱し、後に2社が加入し、四代目山健組から織田絆誠代表と志を同じくして離脱した三次団体によって、新団体は形成される」

という生々しいものであった。他団体を含む現役組員や、ヤクザ関係者ばかりか、メディ

アや警察当局まで浮き足立ち始めていた。

それが鎮火したのは、4月10日のこと。その日開催された神戸山口組の定例会に、織田代表をはじめ名前があがっていた有力幹部組長らが出席したことで、一旦かき消されたのである。しかし「織田代表離脱説」はその後も根強くくすぶり続け、ゴールデンウィーク突入直後の4月30日に任俠団体山口組は、冒頭の記者会見をもってその産声を世間に響かせたのだった。

とはいえ特に捜査当局には、

「神戸山口組本体を守るための偽装離脱ではないか」

という観測が根強くあったのである。

そう考える理由は、15年の分裂を機に神戸山口組の若頭代行にまで織田代表を抜擢した、井上組長と織田代表の関係にある。法規制を意識した神戸山口組が、六代目山口組との抗争に慎重な構えを見せる中、井上組長に累が及ばないようにするために、

「武闘派の織田代表が神戸山口組を脱退し、別組織として、六代目山口組と本格抗争に突

入するのではないか」

と見られていたのだ。新団体を結成すれば暴力団対策法の指定をしばらく逃れることができ、「戦闘専門の独立ゲリラ集団として六代目を徹底攻撃するのでは…」と捜査当局は読んだ。記者クラブなどで当局と距離の近い新聞が、今回の分裂を報じる記事中で、当初「偽装離脱説」と「指定逃れ」をつけ加えながら解説していたのはそのためである。

神戸山口組の「核弾頭」

そうした観測が生まれる背景として、まずは織田代表の神戸山口組における実績に触れたい。

織田代表がヤクザ業界で全国区となるのは、六代目山口組分裂後のことである。分裂直後、六代目側は織田代表の写真さえ所有しておらず、写真を所有している関係者に「写真を譲ってほしい」と持ちかけていたほどだった。

六代目山口組を離脱した13団体で結成された神戸山口組に対する分裂直後の疑問は、

「本当に六代目山口組を向こうに回し戦っていくことなどできるのだろうか」というもの。参考までに記せば、2016年における「組織犯罪の情勢」（警察庁・17年3月発表）の「主要団体の暴力団構成員等の比較」によれば、構成員・準構成員を合わせて六代目山口組が11800人に対して、神戸山口組は5500人とされている。人数＝戦力とはならないのがヤクザの戦いだが、1つの指標とはなるだろう。

そして、この戦力差を払拭したのが、織田代表が繰り返したデモンストレーションだった。例えば分裂後すぐに敵地名古屋に乗り込んで堂々と食事会を開いたり、全国の至るところで自らが現地に乗り込む形で姿を見せ、練り歩くなどの示威行動をしたのである。

一般の人の感覚では「食事会？」「歩くだけ？」であろうが、緊張状態である敵地でこのようなことをすることは身体や生命の危険が伴うのがヤクザの世界。本部から織田代表が直接来て「応援の姿勢」を見せてくれたことが、神戸山口組の士気向上に大きく寄与したことは間違いないだろう。

一連の行動からメディアで織田代表は「神戸山口組の核弾頭」「井上親分の秘密兵器」

などとされ、「菱の代紋のニュースター」の扱いとなったのだ。

井上組長に絶対忠誠を誓いながら、井上組長が率いる神戸山口組に献身的に尽くす織田代表と、井上組長の蜜月な関係は疑いようもないものだった。

何より、任俠団体山口組に離脱した織田絆誠代表らは、これまで六代目、神戸の2つに分かれた山口組を再び1つにするために現場で尽力してきた。「いつかは1つの山口組に」という大義を持つ人物たちが、自ら「三つ巴」という混沌とした状態を生み出し、山口組の再統合を困難にするようなことはしないという見方を、特に捜査当局側は捨てきれなかったのだ。

こうして、再分裂後もしばらく「偽装離脱説」の観測が根強く残ったが、任俠団体山口組は公衆の面前で「大義とは名ばかりの一部の上層部の恨み辛み」「恥ずかしいあのサイン事件」などと井上組長を罵倒した。

この「サイン事件」とは、16年9月に起こったもので、六代目山口組・司忍組長が新幹線でJR新神戸駅に到着した際、白いマスクで顔を覆った約15人の神戸山口組の組員が

「サインくださーい」

「サインください！」

「サイン」

と怒号を上げて司組長に詰め寄った事件のことで、現場にはテレビカメラがいたことから、全国にその映像が伝えられたのである。

ヤクザ社会最大のタブーである「親分の批判」を破った任侠団体山口組の姿を目のあたりにして、偽装離脱説は全国のヤクザ関係者の間では、疑惑から否定へと変わったのである。

偽装離脱説を打ち消す根拠

任俠団体山口組が発足式に使用したのは、尼崎市にある古川組事務所。これが偽装離脱説を否定する根拠であると、私は見ている。

現在、「古川組」については二代目古川組・古川恵一組長が神戸山口組に残留しており、新体制となった三代目古川組が任俠団体山口組の傘下組織となっている。

今年2月には京都の雄、会津小鉄会で跡目を巡って分裂が起こり、両団体が「七代目会津小鉄会」の正統後継を主張した。

全く同じ代目、組が2つ同時に存在するという極道社会のルールとしては前代未聞の状況を「会津小鉄会の乱」は生んでいる。

名乗る代目こそ違うものの、古川組もまたこれに近い「歪《いびつ》な状況」にある。

この代目継承については諸説あるのだが、任侠団体山口組の幹部による〝強い意向〟が古川組長に対して働いたと言われている。その時に生まれた両者の亀裂が、この不規則な構図をつくったのだ。

さらに三代目山口組時代から由緒正しき流れの伝統を受け継ぐ組織として大平組についても注目したい。

大平組は名称の封印に伴い、「大平を興す會」として「大興會」となり、二代目古川組に「預かり」という立ち位置で籍を置いていた。だが、その大興會は会長が社会不在のため、どちらの古川組にも合流していないのである。もし今回の離脱が偽装であるならば、伝統ある大平組の系譜に対して、こんな複雑な立場にするようなことがあるだろうか。本気でなければここまでのことはしないだろう。

分裂直後神戸山口組系幹部の数人に偽装の可能性を尋ねてみたが、誰しもが「あるわけがないだろう」と鼻にもかけていなかった。会見で、

「神戸山口組の大義を嘘で終わらせず、真にするために立ち上がった」

と、訴えた任俠団体山口組の掲げる本来の山口組を取り戻すという大義が「真」となるか「偽」となるかもは、今後の動向次第である。

3つの山菱の群雄

15年の分裂まで六代目側がノーマークだったとはいえ、特に関西圏で織田代表の実力とカリスマ性は、昨日、今日に響き渡ったものではない。

全盛期には1千人を超える組員がいると言われていた初代倉本組にあって、20代の若さにもかかわらず若頭補佐を預かった。組織のために身体をかけて懲役に行くことを「ジギリ」と呼ぶが、織田代表もまたジギリで長期の社会不在となった。しかし、その旺盛な闘争心は、徳島刑務所時代にも揺るぎないものだったと語り継がれている。

対する神戸山口組、特に井上組長が率いる四代目山健組には、そんな織田代表に決して劣らない実力者幹部が多数存在する。両者の比較によってむやみやたらに抗争ムードを煽り立てたいわけではないが、かつて山口組系内部にいた私にとって、そういった大物幹部たちがこのまま黙っていると考えることは難しい。

もう1つ、絶対に忘れてはならないのが六代目山口組の存在だ。はたして今回の再分裂にあたって、どのような方針を示していくのか。特に、2014年12月以来、府中刑務所に収監中の六代目山口組ナンバー2の高山清司若頭には今回の一件がどのように伝えられるのか――。

自らつかえた親分のお供で、過去に高山若頭を何度かお見かけしたことがあるのだが、その存在感は圧倒的なものであった。ヤクザというのは誰しも自分の腕に覚えのあるものだが、どの場面においても高山若頭が登場すれば緊張が漲り、その場の空気が一遍したものである。

「絶対的指揮官」――高山若頭を評すれば、まさにその一言に尽きる。

高山若頭が、これまでの極道人生で示してきた姿勢を考えると、六代目山口組が神戸山口組は元より、任侠団体山口組とも易々と調和などすることがない、と思えてならないのである。

ファーストインパクト

3つの「山口組」各々の深意は後述するとして、まずアクションを起こしたのは離脱元となった神戸山口組だった。

織田代表、そして池田幸治本部長（元神戸山口組若頭補佐）の2人を除いて、離脱した幹部組員たちには10日間の猶予を設けたのである。すなわち「10日以内であれば神戸山口組に戻ってきても不問にする」ということである。

この猶予期間を1つの節目としながら、3つの山口組間では激しい切り崩しが行われていくだろう。同時に神戸山口組は織田代表、池田本部長に対して「絶縁状」を出した。状によれば4月30日をもって絶縁を決定したとされている。

この猶予期間に向かっての時期には、

「ゴールデンウィーク明けにも神戸山口組と六代目山口組、そして任侠団体山口組といった順番で定例会が行われるのではないか」（捜査関係者）

と言われていた。そこでそれぞれの山口組は何を協議し、どんな対応が取られるのか——極道業界に住まう者、メディア、捜査当局から注目が集まっていた頃である。

2年前に神戸山口組が発足された際には、

「最終的にこの分裂抗争は経済抗争となる」

という予測がなされたものだった。「シノギで勝ち得た側が有利になっていく」ということである。しかし「神戸山口組結成の大義」に疑義を呈し、「山健組への贔屓」や「名古屋方式の復活」などを吐露しながらの任侠団体山口組誕生は、「シノギ」というドライな側面だけでは勝ち負けとならないヤクザの生々しい姿を浮かび上がらせた。

分裂、再分裂はなぜ起こったのか

「暴力団」という呼称は戦後に警察が生み出し、1992年に施行される「暴力団員による不当な行為の防止等に関する法律」、通称「暴対法」ではじめて法規定されることとなる。以後、「ヤクザ」は「暴力団」と同意とするのが一般市民の認識である。一方で、ヤクザ組織は自らを「暴力団」と同一ではないとしている。そして山口組には「山口組は侠道精神に則り国家社会の興隆に貢献せんことを期す」

という綱領がある。綱領には、

一、内を固むるに和親合一を最も尊ぶ。
一、外は接するに愛念を持し、信義を重んず。
一、長幼の序を弁え礼に依って終始す。
一、世に処するに己の節を守り譏を招かず。
一、先人の経験を聞き人格の向上をはかる。

の5カ条があるが、定めたのは中興の祖、三代目山口組・田岡一雄組長である。

たとえ3つに割れても六代目、神戸、任俠団体いずれの「山口組」でもこの綱領は同じものとなっている。

渡世を歩むために生きるのがヤクザであり、暴力とは地域の治安を守るために、人助けをするために、生き方の筋を通すために、時に必然となるものというのがヤクザの認識だ。

3つの山口組ともに組織の中核中の中核にしている精神こそが、こうした「任俠」である。

ならばなぜ分裂などするのか――というのが、次なる疑問だろう。

まさに任俠を貫く上での表現の差が分裂を生んだというのが私の分析である。

六代目山口組体制下では、変化する時代に併せて「任俠精神」が現代的に再解釈された。経済活動や、人事にそうした「現代方式」が取り入れられ、それが「名古屋式」という反発を生み、２０１５年の分裂へ繋がったのである。そして神戸山口組は従来の伝統保守型の「任俠」へと再々解釈を試みたはずだったのだが、それに違和感を覚えた織田代表らが今回の再分裂を起こしたのだ。

訃報

私見では任俠の解釈を巡って分裂した神戸山口組と任俠団体山口組だが、その直後の5月6日、山口組の任俠精神の体現者がその生涯に幕を降ろした。

六代目山口組総本部長で大原組大原宏延組長である。

15年8月の六代目山口組分裂という事態にあって、六代目サイドの最前線で社会不在となっている髙山若頭に代わって、極心連合会の橋本弘文会長と共に組織を牽引していた大物だ。

15年12月には、墓参りの帰りに橋本会長が突如姿を消し、離脱を示唆したとする事件が起きた。その際に、すぐに極心連合会本部へと飛び、事態収束に尽力したのが、大原組長だった。

3つに割れた山口組にさぞや胸を痛めての逝去だっただろう。

緊迫

大原組長の死がその前兆だったのか、任俠団体山口組を巡っては、5月7日、サンケイスポーツが「任俠団体山口組、神戸山口組との抗争ぼっ発か…組員襲われ頭から血を流す」と題して

〈6日午前3時半頃、神戸市中央区下山手通の路上で、暴力団組員の男性（50）が数人の男から暴行を受けた。男性は指定暴力団「神戸山口組」を離脱した直系組長らが結成した

新組織「任俠団体山口組」に所属。頭から血を流していたが軽傷のようで、「病院に行く」と言って走り去った。襲った側は神戸山口組に関わりがあるとみられる〉

と、報じる事件が勃発した。とはいえ、この一件は偶発的に発生したようで同紙のおどろおどろしいタイトルのような、血で血を洗う抗争に現在まで発展してはいない。

抗争抑止の大きな要因となっているのは、ヤクザの人権を毀損するほどの暴力団対策法や暴力団排除条例といった、強い法規制だろう。

ただこの事件についてのヤクザ社会での注目点は、

「神戸山口組四代目山健組の有力幹部ら4人がその場に居合わせたのではないか」

というものだった。

そして、その疑惑は5月31日に現実となった。

疑惑

山健組には代々「三羽ガラス」と呼ばれるビッグネームがいる。

初代山健組では、五代目山口組・渡辺芳則組長、元五代目山口組若中・杉秀夫初代健心会会長、元六代目山口組若中・盛力健児盛力会会長が「三羽ガラス」と呼ばれた。

5月31日に逮捕されたのは、四代目山健組にあって、神戸山口組の分裂前に山健組「新三羽ガラス」の1人と言われる程のビッグネーム、四代目山健組若頭補佐・山之内健三誠竜会会長だった。同じく若頭補佐・橋本憲一橋本会会長、同組慶長委員長・池田真吾池田会会長。同組直参・小林茂小林会会長ら4人も逮捕されたのだ。

容疑は傷害とされているのだから、暴行の実行犯の疑いがかけられているということである。しかしヤクザ社会の常識に照らせば、これほどの大物幹部が街中で起きた傷害事件に直接関与したとされることに疑義を覚えるのである。

そう考えるのは、私の自己体験によるところも大きい。

全盛期には、構成員8千人まで勢力を拡大させたと言われた「山健組」において、現役時代の私に何かと力添えをしていただいたのが、今回逮捕された池田会長だ。

「五代目体制の発足時から、六代目体制へと代替わりするまでの17年間もの間、池田会長は渡辺（芳則）親分（五代目山口組組長）の〝スワット〟として、その任務を全うした筋金入りの極道。同世代には、中田広志会長（四代目山健組若頭、五代目健竜会会長）がおられ、十代の頃から、和歌山の同じ暴走族で池田会長も有名な存在だった」

と組織関係者は語っている。「スワット」とは選抜された護衛部隊だが、その通り、私の見た池田会長の印象も「筋金入りの極道」という言葉がぴたりとはまる大物幹部である。

また、山健組新三羽ガラスの1人、山之内会長の存在感は相当なものである。

私が現役時代のある日のこと、六代目山口組総本部の行事に池田会長指揮の元であたっていたことがあった。その際、当時、六代目山口組で若頭補佐を務めていた四代目山健組・井上邦雄組長からの差し入れが届けられた。その差し入れを私たちのところに持ってきてくれた人物こそ、山之内会長であったのだ。

山之内会長に対する周囲の出迎えは、相当な実力者であることが容易に連想することができるほどであった。

まだ山之内会長が山健組内で若頭補佐に昇格する以前の幹部時代の頃の話である。その際に池田会長から山之内会長を紹介していただいたのだが、ただただ恐縮するばかりであった。

五代目山口組・渡辺組長の出所母体であることから、五代目時代には「山健にあらずんば、山口組にあらず」とまで言われた山健組。六代目山口組時代には五代目時代の勢いが減じたとされていたが、それでも山健組の直参幹部と言えば、「山口組の直参（プラチナ）にも匹敵する重みがある」と言われていたものであるし、その価値は分裂後の今も変わらないことだろう。

四代目山健組から離脱し、任俠団体山口組に加入した直参の組長たちが、プラチナの代紋をつけているのはその「重み」の表れである。

それほどの実力者である四代目山健組の親分衆ら4人が揃って、街中で傷害事件を起こすことがどうにも想像できないのだ。確かにかかる火の粉は払いのけるというのもまた、ヤクザ社会の常識である。しかし、本件においては、「被害者の被害状況は一方的であった」（捜査関係者）という。

交錯する情報の中で、導かれる答えは、偶発的に起きた現場にたまたま4人の会長が居合わせただけということになる。本稿執筆時点では断言は許されないが、しばらく捜査の進展を待ちたい。

発生が、任俠団体山口組発足直後だっただけに、この傷害事件は予想以上にメディアでも大きく報じられていた。そして、今回、4人の大物幹部らが逮捕されたことで、事件内容をよそに、業界関係者の間では、ますます大きな話題となっている。

流れるニュースを見て思い出したのは15年の六代目山口組分裂直後のことだった。私の元に一本の電話が鳴らされたのだ。

その懐かしい声は、池田会長のもの。

「仕事がんばってんの？　同じ川掃除した中やから、応援してんで」

池田会長の言う「川掃除」については後述したい。すでに引退してカタギになっており、一般社会で悪戦苦闘をしいられている時期だっただけに、この一言は大変ありがたく励みとなった。

渡世を離れた者にまで、近況を尋ねエールを送ることのできる人物はそうはいない。「筋金入り」とはこうしたことを含めての評である。

三つ巴の戦いを制するカギ

一連の逮捕によって、社会的には任俠団体山口組への暴行事件は一応の収束を見せた。任俠団体山口組側が本稿執筆時までに「返し」に動いたという話も聞かない。偶発的、計画的はともかく、こうした衝突に際して、任俠団体山口組はどこまでも沈黙を守り、3つの山口組は均衡を維持するのかと言えば、そんなことはあり得ないだろう。

相当な覚悟と大義を持って新組織の立ち上げを決めたことは間違いないのだから。

神戸山口組においても、任俠団体山口組においても、組織を割るということがどれだけ困難な状況を生み出すものとなるか、歴史を紐解いてみれば容易に予測できる。四代目山口組の跡目を巡って割った「一和会」が存続したのは、結成日を入れて1751日、すなわち5年もたなかったのである。

それを承知で神戸山口組は立ち上がり、組織を確固たるものへと築き上げてきたのである。

その現場の最前線に立ち続けたのが、任侠団体山口組の織田代表であるのだから、組織を割ることとの困難と、新組織強化の実績を残した織田代表ら任侠団体山口組の幹部は、全てを覚悟の上で決起したということである。

六代目、神戸、任侠団体と3つに分かれた山口組だが、現在それぞれの組織は配下の組員に情報漏洩の防止や飛び交う噂に惑わされないよう注意喚起を徹底していると聞く。敵対組織を切り崩すにあたって、情報は何よりも重要な武器だからである。

このような混乱期には、必ず移籍に関するデマが流され、末端になればなるほど組員の動揺は大きくなる。それが積もりに積もれば疑心暗鬼になり、移籍や相手組織に対する暴力行使などが勃発しかねない。

強い法規制がなされて以後の世界で、もっとも強い武器こそが情報なのだ。

昨年5月には、他ならぬ当時神戸山口組若頭代行を務めていた織田代表をキーマンの1人として「六代目山口組、神戸山口組が再統合する」という話が、全国の極道社会内、報道関係者、捜査当局内に伝わり、後に織田代表が複数のメディアのインタビューに答えることとなった。現在に至るまで真偽を巡っては不透明ながら、六代目山口組の中枢組織である三代目弘道会は、歴史的にそういった情報管理操作には強く、以前は情報収集を専門とした組織まで形成していたと言われている。「弘道会」が「力」で上がってきた組織であることは間違いないが、

「弘道会の強さの秘密は高い情報収集能力にある」

と断言する者は多い。

それゆえ、3つの山口組間では今後ますます、相手を害し、味方に利する怪情報が飛び交うことになるだろう。情報戦の参加者はヤクザばかりではない。捜査当局サイドも、各

組織の弱体化を狙い、おおいに揺さぶりをかけるであろうし、トップをなんらかの形で逮捕するという噂をどこかで必ず流すはずだ。時に、本当に逮捕しながら。

「三つ巴」どころか多くの思惑が錯綜していることは、任侠団体山口組発足直後に、「織田代表が本抗争に突入するための組織を発足させたことで、警察当局が一斉検挙に動き出した」

という、出所不明の根拠のない情報が駆け巡った現実からでも明らかである。

時代が変わり、組織のあり方、抗争への導線、敵対組織のバッティングの仕方も変化してきた。今後、各組織がもっとも神経をとがらせるのは情報の錯乱と、それによる混乱の拡大だ。

「連絡がつかない」

現在のヤクザの抗争が「情報戦」を中心としたものであることを示すキーワードが「連絡がつかない」というものだ。2015年の六代目山口組分裂にしても、今回の神戸山口組の分裂にしてもそうだが、不穏な事態は「誰々と連絡がつかない」というところから始まることが多い。

実は「連絡がつかない」は分裂に限ったことだけでなく、個人がヤクザ組織から自らの都合で抜ける際にも起きることではある。すでに今回もそのような事態が新団体内で散発しているようだ。四代目山健組から任侠団体山口組に加入した組長数人が、「連絡がつかない」状態になっているということが、5月中旬になると起こり始めた。はたしてそれがその時たまたまのことなのか、その後現実的な離脱となったのかの確認は取れていない。だが、時期が時期なので、状況を錯乱させるために流された意図的な情報である可能性も十分に考えられる。しかし、

「ここに神戸山口組と任侠団体山口組の組織力の差がある」

と指摘するのは、ある在阪フロントだ。いわく、

「神戸山口組が誕生した際には、『連絡がつかない』という噂が上がるようなことはなかった。逆に当時は、六代目山口組からの神戸山口組側への移籍情報の噂ばかりで、どれだけ神戸の人数が膨らむのかと思ったほど。それだけ神戸山口組の発足は秘密裏に行われていたということだろう。また、結成時に相手方に寝返る幹部が出ないほど団結に向けた強い意思が、組織内で相互に働いていたと思われる」

今回の分裂直後に発売された『週刊現代』(5月20日号)の記事『「任侠団体山口組」トッ

プが私だけに語ったこと』（「侠」は誌面ママ）では、織田代表が作家・溝口敦氏のインタビューを受けこう主張している。

〈理想論になりますけど、一人も傷つかず、命も落とさず、一つの山口組になることがベストです〉

となれば、任侠団体山口組の大義は「1つの山口組への再結成」となる。ここからすれば、5月6日の襲撃事件に対して、どういった姿勢を示すのか。「1人傷つけられた」報復に出るのか、掲げた大義のために沈黙を守るのか――。

こうしたトラブルは、神戸山口組を離脱した時から「当然のこと」として想定されていたはずだが、その対処方法次第で任侠団体山口組のスタンスが見えるだろう。

同インタビューにおいて、織田代表は

〈自分としてはいろんな意味でヤクザはヤクザらしくを強調したい〉

とも発言している。

大義を守るのが「ヤクザらしさ」であれば、やられたらやり返すのもまた「ヤクザらしさ」である。

ちなみに神戸山口組においては発足後、渡世を離れていたかつて山口組を支えていたさまざまな顔役たちが復帰した。六代目山口組体制の否定、本来の山口組に戻すための改革点など結成直後の「御挨拶」にも書かれた大義に共鳴し参画してきたわけだが、同様のことは任侠団体山口組でも起こり得るだろうか。組織としての魅力や、織田代表らの器量を示す1つの指標となるだろう。

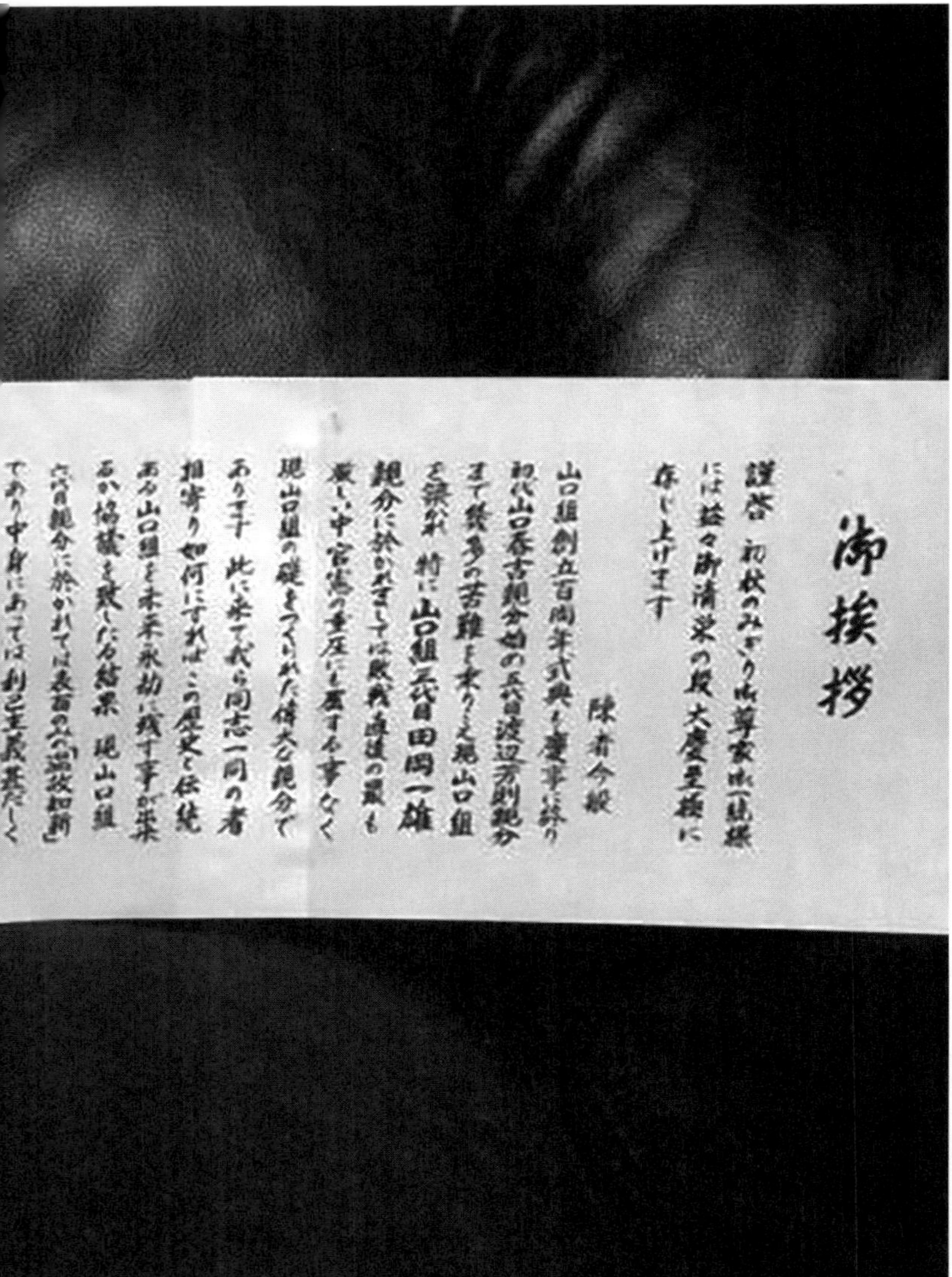
御挨拶

謹啓 初秋のみぎり皆様方には益々御清栄の段 大慶至極に存じ上げます

陳者今般

山口組創立百周年式典を慶事に執り初代山口春吉親分始め五代目渡辺芳則親分まで幾多の苦難を乗りこえ現山口組を築かれ 特に山口組三代目田岡一雄親分に於かれましては敗戦直後の混乱も厳しい中官憲の重圧にも屈する事なく現山口組の礎をつくられた偉大な親分であります 此に於て我ら同志一同の者相寄り如何にすれば この歴史と伝統ある山口組を未来永劫に残す事が出来るか協議を致した結果 現山口組六代目親分に於かれては表面の文は「温故知新」であり中身にあっては[illegible]

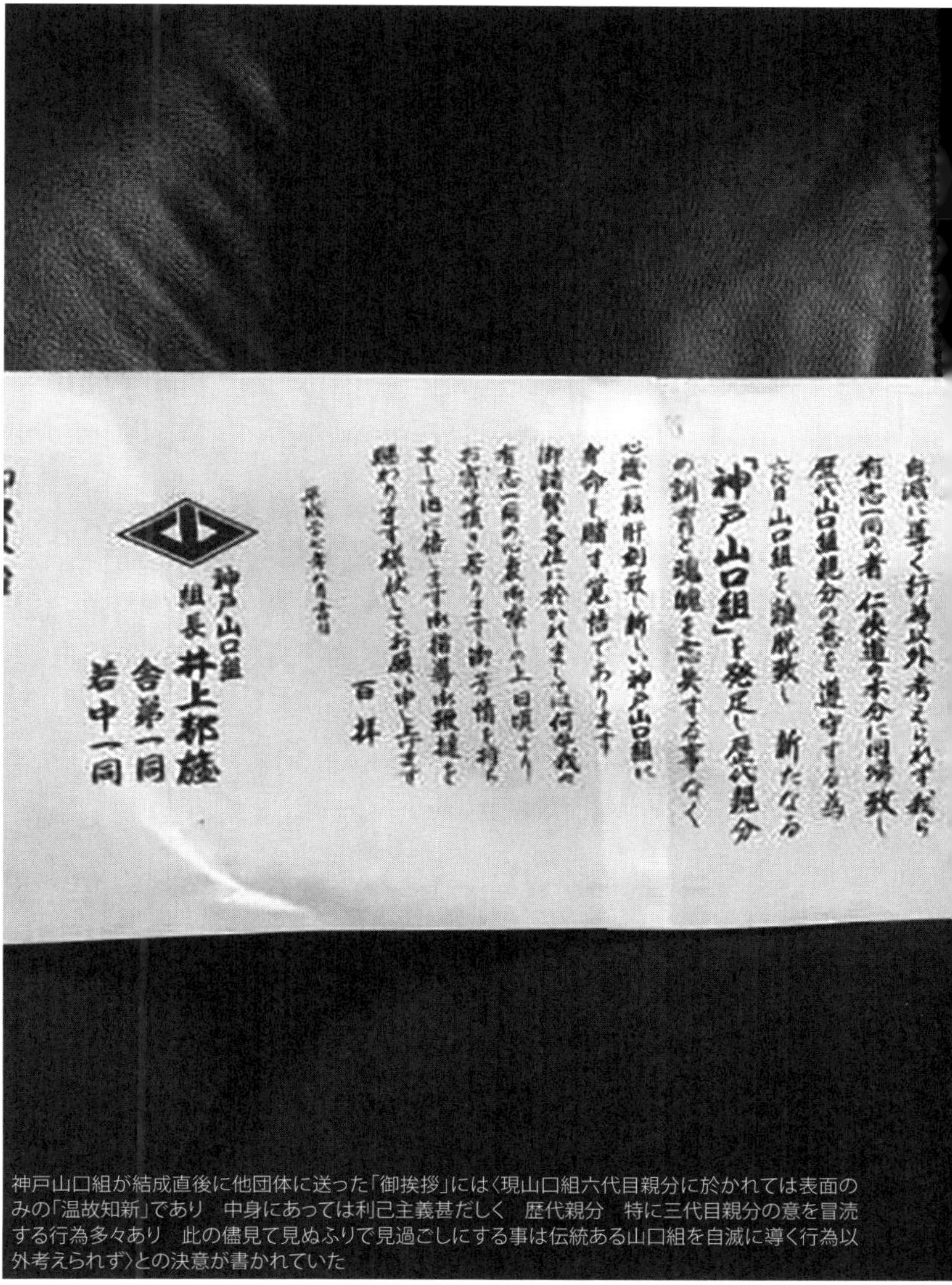
自滅に導く行為以外考えられず我ら
有志一同の者 任侠道の本分に回帰致し
歴代山口組親分の意を遵守する為
六代目山口組を離脱致し 新たなる
「神戸山口組」を発足し歴代親分
の訓育と魂魄を忘失する事なく
心機一転肝銘致し 新しい神戸山口組に
身命を賭す覚悟であります
御諸賢各位に於かれましては何卒我ら
有志一同の心衷御察しの上 日頃より
お寄せ頂き居ります御芳情を[illegible]
[illegible]旧に倍します御指導御鞭撻を
賜わりますよう伏してお願い申し上げます
百拝
平成二十七年八月吉日
神戸山口組
組長 井上邦雄
舎弟一同
若中一同

神戸山口組が結成直後に他団体に送った「御挨拶」には〈現山口組六代目親分に於かれては表面のみの「温故知新」であり　中身にあっては利己主義甚だしく　歴代親分　特に三代目親分の意を冒涜する行為多々あり　此の儘見て見ぬふりで見過ごしにする事は伝統ある山口組を自滅に導く行為以外考えられず〉との決意が書かれていた

四代目山健組内紛か、神戸山口組の分裂か

今回の分裂劇構図を2つの視点から見ることができる。

1つは、神戸山口組の中枢団体である四代目山健組内の「内紛」、もう1つは神戸山口組と任侠団体山口組の「対立」というものである。本件を大事にしたくない捜査当局側は「内紛」、極道界の内部にいる者はその重さが理解できるので「対立」の視点を持つ傾向が強いようである。

しかし「内紛説」は、5月7日の動きで払拭されることとなった。六代目山口組傘下団

体から離脱した幹部が、新組織の結成式を執り行い任侠団体山口組に加入したのだ。単なる四代目山健組の内紛であれば、六代目山口組側から人が流れてくることは起こりにくいはずである。

発足された組織名称は「京滋連合」。捜査関係者によれば、「京都と滋賀を繋ぐ京滋バイパスから来ているのではないか」

時を同じくして、任侠団体山口組がその存在を示すデモンストレーションがついに始まったという情報がもたらされている。具体的には神戸山口組発足時に、当時の織田代表が先頭に立ち全国各地で繰り広げられた練り歩きだ。六代目山口組分裂直後しばらくは、「この練り歩きによって神戸山口組の士気は高められた」（広域組織関係者）と、評された。

一連の示威行動は、任侠団体山口組でも傘下団体の士気を高めることになるだろう。

極道社会の民意

渡世とはいえ、極道社会にとっても民意は重要なものである。山一抗争においては四代目山口組・竹中正久組長が一和会側に射殺された。日本一の巨大組織のトップ殺害を決意させるまで一和会側を追い込んだきっかけは、山口組側による「義絶状」の発行だと言われている。「孤立化」はそれほどまでに重いものなのである。孤立化の防波堤こそが民意や世論だ。日本では特に「判官びいき」の傾向が強い。「巨人・大鵬・卵焼き」より「阪神・柏戸・目玉焼き」というのが民意形成の特徴である。

今回任侠団体山口組は、冒頭のように「悪政」に立ち上がったと記者会見で主張して産声を上げた。SNSが発展した今日ではメディアばかりでなく、その言い分はネットなどを通じて瞬く間に広がりを見せ、「判官びいき」の風が吹いた。実は、2015年の六代目山口組の分裂時に神戸山口組にも同様の「判官びいき」の賛同が起こったのだ。しかし神戸山口組の場合、中核組織の「山健組」の看板はもちろん、神戸山口組に加入した有力団体の実力もあって、「ひいき」だけではなく実際に支持する他団体が出ることとなった。

こうして神戸山口組は孤立化することなく、極道業界内に確固たる地位を築き上げ、現在に至っている。

任侠団体山口組には織田絆誠代表のズバ抜けたイメージがある。SNSによる記者会見の口上の伝播と、そのカリスマ性に特にスポットライトがあたったことも手伝い、強い民意を得る流れになるか、と思われていた。まず初手は四代目山健組側が打つことになった。傘下団体に、このようなファックスを送ったのだ。

〈先日、元山健組々員　織田絆誠（絶縁）が報道機関各社を集め身勝手な声明を挙げたが、

全て織田自身の私利私欲　以外のなにものでもありません
山健組　離脱の正当性を主張するが余り、嘘、偽りの情報を流布しておりますが、皆さん
御承知の通り　織田及び、その一部近親者の思い通りにならなかった事から　今回の行動
をとっただけのものです
織田らのねつ造した風聞に踊らされた、同僚や同志には早急に真実を伝えていただき、心
ある者は温かく迎え入れて下さい〉
　そして5月も中旬に向かう時期になると、日を追うごとにその傾向が薄れてきている印
象だ。会見においてはすでに池田本部長が「『織田は人事に不満をもって出るだろう』と
か、『金銭がらみがどうこうならず』という印象操作を雑誌やネットを使い」と、懸念を
表明している。どうも決意表明後から、現実的にこうした疑義がネットを中心に流れ出し
たようなのだ。その影響力が決意表明の伝播力をも超えてしまったことに民意を寄せきれ
なかった原因があるのではないか。
　ただし言葉に「実」が伴わなければ「力」にはならない。今回「実」となり、影響力を

担保したのは、以下のロジックである。

まず、神戸山口組は、井上組長を中心に錚々《そうそう》たる親分衆が志を同じくして、ヤクザ社会の絶対――「盃」をひっくり返し、禁忌を超える大義を説いて成立、存続している組織である。任俠団体山口組側の訴える六代目山口組をも超えたと言われる悪政が、神戸山口組内に蔓延していたのならば、「錚々たる親分衆」が黙っていたであろうか。次に、織田代表が神戸山口組発足後、組織のために遺憾なくその行動力を発揮し輝き続けていたことは多くのヤクザが認めるところだろう。だが、四代目山健組という組織には織田代表に決して劣ることのない実力者が多数存在する。任俠団体山口組の決意表明が事実であるとしたのなら、なぜ四代目山健組の幹部クラスにいる一騎当千の猛者たちは織田代表と共に立ち上がらなかったのか。

こうして新団体に吹き始めようとしていた判官びいきの風は、その速力を減衰させてしまったのかもしれない。

先日、元山健組々員　織田絆誠（絶縁）が報道機関各社を集め
身勝手な声明を挙げたが、全て織田自身の私利私欲　以外のなに
ものでもありません

山健組　離脱の正当性を主張するが余り、嘘、偽りの情報を流布
しておりますが、皆さん御承知の通り　織田及び、その一部近親
者の思い通りにならなかった事から　今回の行動をとっただけの
ものです

分裂を受けて四代目山健組は、傘下団体にファックスした。

また、織田らの作り話の真偽を知りたい方は、遠慮なく執行部に
まで確かめに来てください

今後も虚偽の風評を流してきますが、皆さんは惑わされること
無く、この伝統ある　山健組の誇りを胸に王道を歩んで下さい

四代目山健組　執行部一同

第2章　生粋の極道「織田絆誠」という生き方

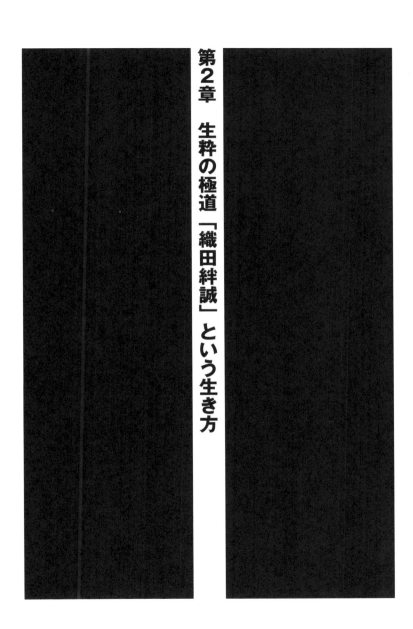

分裂直後にトップが肉声を公開

六代目山口組分裂以降、一躍、時の人となった任侠団体山口組・織田絆誠代表にヤクザ取材の第一人者、溝口敦氏が単独インタビューを行い、5月8日発売の『週刊現代』（5月20日号）に『「任侠団体山口組」トップが私だけに語ったこと』（「任侠」は誌面ママ）のタイトルで発表したことは前述した。

もちろんこの記事は極道業界関係者の間で物議を醸したが、それはいかなるものか――可能な限り多くの業界関係者に話を聞いてみた。記事においては溝口氏が〈結成直後、大阪でインタビューに漕ぎつけ〉とあるので、まさに「緊急」ということになる。しかし、この登場そのものに冷ややかな反応を見せるのは、3つの山口組以外の他団体のある幹部だ。

幹部が語る。

「メディアを呼んで、結成式をやったかと思うと今度は、週刊誌で単独インタビュー。まるでアイドルではないか」

この幹部はインタビューだけではなく任侠団体山口組が執り行った記者会見にもこう辛辣な意見を述べた。

「なんでも記者会見では一言一句、間違いないようにと記者陣に対して任侠団体山口組幹部が冒頭話したというではないか。『ちゃんと書いてくれたところにはまた話す』と。これを聞いて世間様、カタギ衆はどう感じたかと考えているのだろうか？　私らヤクザは『暴力団』だの『反社』（反社会的勢力の略）などこれまでメディアには好き勝手に言われてきた。それは今に始まったことではないし、反論する気もしない。『言いたい者には言わしておけ』

というのがヤクザであり、ヤクザの美徳ではないのか。確かに末端の人間らにメディアを通じて意思をわかりやすく伝えてあげるのは大切なことかもしれない。が、それでもメディアをここまで使うのはどうなんだろうか。みんなそう思ってるんじゃないか」

最後まで冷然な口調を崩さないことが、山口組以外の組織が今回の「再分裂」に対してどのようなスタンスを取っているかを、良く表している印象である。

前述したように、現在の抗争は「情報」を使ったものが中心となる。特に「結成直後」という時期にあっては、末端組員にまでトップの意向や、組織の意向を通知することは重要なことだろう。一和会分裂直後にも記者会見が行われたが、四代目山口組・竹中正久組長はそれに対して、

「世間さまから見れば、かげ花の極道が、どの面下げて…」

と吐き捨てたとされるが、この幹部の言葉はそれを彷彿させた。

六代目側は「敵の敵は味方」と…

次にその動向に注目が集まる六代目山口組サイドはどのように見ているのか――六代目山口組主力団体の有力幹部や、数人の幹部に話を聞いたのだが、意外にもこのような意見が多かった。

「敵の敵は味方というように感じてしまう」

何より驚いたのは、暴力団排除条例もあってか「全く興味がない」という意見が概ねをしめていた点だ。そこに感じたのは温度差である。

2011年に東京都と沖縄県での施行で、全国で暴排条例が完備することとなった。その直後には、産経新聞に六代目山口組・司忍組長のインタビューが掲載され、司組長が
「異様な時代が来たと感じている」

と答えている。司組長の言葉通り、暴排条例以後ヤクザは冷え上がってしまい、日常生活を送ることすらままならいほど締めつけらてしまっているのだ。有力幹部とはいえ
「それどころではない」

といったところなのだろう。

では、離脱された側となった神戸山口組サイドには、どのような意見があるのだろうか。この状況下でメディアの取材に答えること自体がタブーである。絶対匿名を条件に、ある三次団体組長が答えてくれた。

組長はあからさまに苦々し気な様子で、こう話した。

「井上親分を冒涜する発言は、イコール神戸山口組を全て否定しているのと同義語やない

か。サイン事件を『あってはならないこと』と、やられた側の六代目サイドが言うのなら、百歩譲ってもそう発言する気持ちはわかる。しかし事件当時は身内だ。恥ずかしいことと言うのであれば、自分たちがやっていた練り歩きしかり、ガラス割りしかりやないか。昔から『ガラス割りみたいな恥ずかしいことはするな、やるなら身体に入れてこい』と教えられてきた。確かに法律が変わり昔のようにいかなくなったけどやな。それを言うなら、あれ（サイン事件）はあれで現代に沿った戦略の1つやないか」

この組長の言葉にある「ガラス割りみたいな恥ずかしいこと――」とは、「事務所のガラスなどを割らずに敵対する組員の身体に銃弾を打ち込んでこい」という意味である。法律が改正され、現代における抗争の仕方、戦（いくさ）のやり方は変わった。

この三次団体組長は、任俠団体山口組の一連の指摘に疑義を呈しているのである。

任侠団体山口組系組員を直撃

公衆の面前で任侠団体山口組側から井上組長を批判された神戸山口組系側が、猛反論するのは当然とも言えよう。では、当該の任侠団体山口組系サイドは一連のメディア戦略にどのような見解を示しているのか——任侠団体山口組三次団体幹部が語る。

「織田代表はとにかく『山口組』を一本にするために、さまざまな声があったからこそ立ち上がられたと思います。立場によって意見は異なるし、誹《そし》りを受けるのも覚悟されてのことですよ。全ては覚悟の上です。私利私欲のためならば、これだけの人たちが織田代表についていくか？　いかないでしょう。私はあれ（『週刊現代』）を読み、織田代表のお考えが我々のような末端にまで伝わり、感ずるものがありましたね」

もはや三つ巴の状態にあって、各組織や各立場によって見解はさまざま。また、当然のことではあるが、私が接触していない人物たちは全く別な見解を持っていることだろう。それでも割った側として任侠団体山口組三次団体幹部の「全ては覚悟の上」という言葉は、偽らざる本心という印象だ。同時に同じ「山口組」であっても、今回の一件に対して「無関心」が蔓延していることは、今の時代の極道事情を良く表しているとも言えるのではないだろうか。

だが意見はどうあれ、この時期に発表された、織田代表の肉声への興味の高さは、揺るがないようである。

その織田代表とは一体、いかなる人物であるのだろうか——。

生粋の極道

　これまで私の知り得る限り、極道になるためにこの世に生を授けられたと思う男に出会ったことがない。

　たった1人の「俠」（おとこ）を除いて。

　今から8年前、2009年の大阪刑務所。その人物は、刑務所所内のグラウンドの一塁側中央に腰を下ろし、ただならぬオーラを放ち続けていた。その人物こそ、現在、もっとも注目されている織田絆誠代表、その人であった。

1966年10月23日に、大阪で産声を上げた織田代表は、「十代の頃から同級生の不良グループで抜きん出た存在であった」と、当時の織田代表を知る関係者は話している。その頃にはすでに、将来、極道として生き様を刻むことを周囲に明言していたという。

その言葉通り、織田代表は84年頃に稼業入りを果たす。さらにその約4年後には、「喧嘩、負け知らずの倉本組」と謳われた倉本広文組長率いる、初代倉本組の門を叩いたとされている。

そして、2年後の1990年、五代目山口組弘道会と大阪、波谷組との間で組員の引き抜きに端を発した「山波抗争」が勃発する。山口組抗争史に名を刻むこの勃発に、織田代表も参戦。12年間もの社会不在を余儀なくされ、徳島刑務所に服役した。

徳島刑務所とは、主に8年以上の刑期を言い渡された長期服役者を収容している刑務所で、その中でも犯罪傾向の進んだ者や暴力団関係者を多く収容している刑務所として有名である。

何より、織田代表が入所することになった当時の徳島刑務所には、錚々《そうそう》たる親分衆が服役していた。

まずは三代目山口組と二代目松田組の間で1975年に起こった「大阪戦争」の功労者の1人、後の神戸山口組・井上邦雄組長。その抗争で井上組長にそれ以上の累が及ばないように、大阪府警の激しい取調べにも耐え、沈黙を守り続けた元四代目山健組若頭・山本國春健國会初代会長。すでにプラチナ（山口組直系組長）であった初代古川組・古川雅章組長。五代目山口組・渡辺芳則組長が初代組長を務めた「山健組」の由緒正しき伝統を後に受け継ぐ、五代目健竜会の中田広志会長。六代目山口組若中・加藤徹次六代目豪友会会長。六代目山口組分裂の渦中に、覚悟の自決を遂げた三代目倉本組・河内敏之組長。

まさに「錚々たる」という言葉通りである。

その徳島刑務所にあっても織田代表の若き日の気性、凶暴さは当局サイドでも手に負えないもので、旭川刑務所へ不良移送しなければならないほどであったという。そんな若き織田代表の、極道としての気質と性根をもっとも評価した人物こそ、1千人もの配下を引き連れていた初代倉本組・倉本広文組長だった。倉本組長は、織田代表を初代倉本組若頭補佐に抜擢したのである。ちなみに、後の三代目倉本組組長となる、河内敏之元組長は、まだその時、倉本組内三誠会若頭に過ぎなかった。

「末席から自分で昇っていきます」

「たられば」を論ずることは詮ない夢想である。だが織田絆誠代表について、あえて仮定のドラマを論じるならば、社会不在の間に倉本組の名称が封印されていなければ、今回の任侠団体山口組の設立。いや六代目山口組の分裂さえもまた違ったものになっていたのではないだろうか——。

織田代表が服役中の1998年、倉本広文初代が他界。以後、六代目体制が発足されるまでの約7年間、「倉本組」の名称は一旦封印されることとなる。跡目争いが起こり「倉本組」の系統は貴広会と倉心会に分かれ受け継がれたからだ。組織内でその動向が注目される中、織田代表はどちらにも所属しない道を選んだ。

「出所後に倉本組の重鎮と言われた人物が織田代表にこう話したのではないか」

と、ある在阪のフロント（企業舎弟）が当時を振り返って証言してくれた。

「その親分は織田さんに対して、『倉本組という土俵では狭い。山健にあらずんば山口組にあらず、と言われた山健組に行ったらどうか』と勧められたと聞きました。その親分自体が井上の親分と親交があり、それで当時、健竜会の会長だった井上親分に引き合わせたようです」

奇しくも井上組長と織田代表は同時期に徳島刑務所に収監されていた間柄。それがやがて縁となる。

前出のフロントが続ける。

「織田さんは、健竜会の若頭補佐で迎えられる話だったと聞いてます。だけど、織田さんの方からそれを辞退し、『末席から自分で昇っていきます』と話したというのです。後はご承知の通りでしょう」

先に触れたが、健竜会とは、五代目山口組・渡辺組長が発足させた組織。二代目会長には隆盛を極めた三代目山健組組長・桑田兼吉五代目山口組若頭補佐が務めた組織だ。

言うならば、「山健にあらずんば」と呼ばれた山口組にあって、王道中の王道、金看板である。自身の言葉通り、そこから一気に織田代表は、羽ばたき始めることになる。

健竜会では定期的に勉強会が行われていたのだが、織田代表が講師役を務めた会は、今でも語り草になっていると、ある関係者は話す。

「なんせ人気があった。法の知識はもちろんのこと、戦(いくさ)のやり方など、あの人に『ケンカなら自分に言ってこい』と言われたら、『どこにだって立ち向かっていける』そう思わせる力があった」

また別の関係者は、織田代表をして五代目山口組渡辺組長の親衛隊と言われた、五代目山口組臥龍会・金澤膺一初代会長、あるいは五代目山口組若頭補佐で「ケンカ太郎」の異名を持つ中野会・中野太郎会長の再来と評している。共に五代目山口組・渡辺組長の懐刀と呼ばれた人物であるのだが、織田代表も実際に井上親分の懐刀になっていく。

しかし四代目健竜会には実力者、現五代目健竜会・中田広志会長という山健組生え抜きの本流が存在していた。

いつの世も社会の表裏を問わず、天は龍虎を並び立たせようとはしないのであった。

愛と憎

六代目山口組分裂数カ月前。「あの両雄がついに手を結び山健組強化に動き始めた」という話が、ヤクザ業界内を駆け巡った。「あの両雄」とは、織田絆誠代表と五代目健竜会中田広志会長のことである。

その時、織田代表が特に力を注ぎ込んでいたのが長野県で、自らの懐刀を派遣するなど強化に尽力していたのであった。

そして、2015年8月27日空前絶後の「六代目山口組分裂」が起こる。はたして多くの事件が起こる台風の目となったのは、その長野県だった。

まず15年10月6日に、長野県飯田市で移籍を巡ってのトラブルで発砲事件が起こり分裂後初の死傷者が出る。また16年1月27日には、やはり飯田市内でのカーチェイスの果てに中央自動車道を路上封鎖して神戸山口組系組員が逮捕されている。報じられないトラブルも散発した。

ヤクザ業界内、周辺にいる多くの人物は織田代表をして、

「戦（いくさ）上手」

と評するが、その根拠はこうしたある種「神がかり的先読み」を可能にする状況分析と、強運、そして実績によるところが大きい。

空前絶後の六代目山口組分裂前までは、歴史を紐解かなくとも、業界関係者の誰しもが、

「山口組を割ることは不可能である」

という認識であった。全国区の山口組の二次団体の親分衆でさえ、それで山口組を去ったケースも少なくはない。例えば、武力、経済、兵力の全てにおいて、栄章を極めた元

六代目山口組舎弟の後藤組・後藤忠政元組長でさえ、数々の要望がありながらもその身を引かせている。

それらを全て承知の上で、六代目山口組体制を批判した親分衆らが立ち上がり、絶対と言われる「盃」を超える大義を説いて、結成されたのが神戸山口組である。何より驚くべきは、ただつくるだけではなく、神戸山口組を確固たるものに築き上げた点であろう。分裂の最前線で、六代目山口組という超巨大な組織に立ち向かい、敵方である六代目サイドにでさえ

「ケンカ上手」

と言わしめさせていたのが、織田代表であった。

その織田代表が心酔し支えていたのが、神戸山口組井上邦雄組長であったはずだ。

だからこそ4月30日に任俠団体山口組が神戸山口組を割って出ても、しばらく警察当局は偽装離脱説を捨てきれずにいるのである。

だが知り得る限りで言えばそれはあり得ない。

前述した通り任俠団体山口組結成直後の5月6日には、所属組員が暴行を受けるというケンカの芝居とは思えない事件も発生し、5月31日には、神戸山口組側から傷害容疑で逮捕者まで出ていること。任俠団体山口組がメディアを通じて表明したその内容。そして現在の構図。どれを取ってみても、織田絆誠代表が一世一代の芝居を演じているとは、考えられないのだ。

六代目山口組分裂後、外から山口組を糺《ただ》して1つになると考える織田代表と、盤石の体制を築き上げた神戸山口組との間で方向性の違いがやがて「ズレ」を生み、井上組長と織田代表の間で軋轢へと変節を遂げ、再び分裂にまで発展していったと思えてならないのだ。

変心

織田代表がどのような経緯で変心していったのか——その深層を探る最良の手段は、他ならない織田代表の言葉の変化に表れていると言える。『山口組　分裂抗争の全内幕』（宝島社）には、当時神戸山口組の若頭代行だった織田代表のインタビューが掲載されていて、その中でこう発言している。

〈これは全国の会合でも繰り返し言うてるんですけど、そもそも親分や叔父さんたちは山口組を「正す」ために出たわけです。（略）親分や叔父さん方は我が身を捨てて、山口組

を正すために、我々、次の世代、その次の世代のために、あえて茨の道を歩んでくれたんだ、と〉

ところが、結成直後の『週刊現代』インタビュー記事『「任侠団体山口組」トップが私だけに語ったこと』（タイトルはママ）で織田代表は、

・〈名古屋方式とはざっくり言って多額の上納金、出身団体（弘道会）への贔屓、人の進言・諫言を聞かない、の三つ〉であり〈神戸山口組の組織運営、中でも山健組の組織運営が名古屋式そのものだった〉

・〈（六代目山口組の）司組長、高山清司若頭、（神戸山口組の）井上組長、正木年男総本部長、この4名の方々が現役でいる限り、山口組は統一されないと、今は確信しています〉

・〈二つの大きな船はこれからじわり、じわりと沈んでいきます〉だから〈若手中堅が中心となった救命ボート的な船を置くことによって、二つの船から移り乗ってもらう〉

と発言しているのである。

頂点に昇りつめる野心と私利私欲は同義語であるかのように思われがちであるが、実は

全く異なる。極道というのは、俠の生き様である。誰しも綺麗ごとで名声を得れるものなら得て暮らしたいはずだがそれが成立するわけがないし、お人好しでは生き残れない。

それがヤクザ社会なのである。

神戸山口組が織田絆誠代表を損失した影響は少なくないだろう。だからといって神戸山口組、そして四代目山健組には、織田代表に決して劣ることのない一騎当千の実力者が存在する。この先、六代目山口組との対立が激化したとしても、守勢に回ることはないほどだ。六代目山口組もまたしかりであり、2つの山口組の実力はまさに「伯仲」にある。

この米ソ冷戦構造のごとき状況に生まれたのが、織田代表が率いる任俠団体山口組だ。今後、任俠団体山口組が新しい局面を到来させるのか、それはわからない。ただ、織田代表の関係者は一昨年前、あるメディア関係者に対して誇らしげにこう話したという。

「織田さんという人物は同窓会なんかでも、全て織田さんが支払ってくれていた。それは三次会、四次会になっても変わらない。全部、織田さんがそこの支払いを済ませてくれていた」

今回の織田代表の離脱、新組織の結成が正しいことなのかどうかを、私は判断する立場にない。だが、学生時代からの同級生や同じ不良グループ仲間からは、いつまでたっても織田代表は英雄なのだろう。それは、織田代表の生粋の若い衆にとってもそうなのではないか。そこには是非ではない。侠としての魅力と、生き様への魅了があるからだ。

8年前の大阪刑務所。一塁側から帰っていく織田代表は、三塁側の著者の工場の山健組系の懲役たちに右手を軽く上げて、グランドを後にした。

その姿がいつまでも、脳裏に焼きついていて離れない。

その織田代表は4月30日をもって、神戸山口組を絶縁された。

崩壊する「状」の認識

日本最大のヤクザ組織山口組だが、絶縁状の効力を低下させたのは、2015年夏の六代目山口組分裂後のこと。その直後に神戸山口組井上組長ら親分衆に対して回された「状」と、さらに翌16年に引退していた5人の親分衆らにわざわざ下した「絶縁状」が、そのきっかけと言わざるを得ないのではないだろうか。その後、神戸山口組が孤立化しなかったことは現在を見ても明らかだ。

つまり、この時の「状」によって「山口組」の処分に対する影響力が混乱を招く結果となったのである。多くの関係者も「あれは乱発し過ぎだった」と言う。

その中で任俠団体山口組が発足され、これまでにない混沌した時代に突入してしまっている。それは新しい時代の幕開けか、それとも司法当局による弾圧による歪みがもたらしたのか。これまで、ヤクザ社会の処分。特に絶縁状というのは、ヤクザ社会からの追放を意味していた。「破門」であれ「絶縁」であれ、

「どれだけ、えらい親分でも状を撒かれたら、唯のひと」

と言われてきたのである。

それが六代目山口組分裂後、神戸山口組が誕生し、さらに任俠団体山口組が結成され、これまでの認識が崩壊する事態となっている。

任俠団体山口組・織田絆誠代表には、今回2枚の絶縁状が神戸山口組、そして四代目山健組から回された。任俠団体山口組・池田幸治本部長に至っては、六代目山口組から破門され神戸山口組から絶縁され、これらの処分だけを見れば解釈するのに少し厄介な事態となっている。

通常、上部団体と立場を兼任していた場合、処分を下す際の状の発行元は、下部組織から発行されるのが暗黙だ。織田代表は、神戸山口組若頭代行で四代目山健組副組長を務めていたのだから、この暗黙からすれば、織田代表への処分の状は四代目山健組が発行するところである。しかし、織田代表は神戸山口組の顔でもあり、四代目山健組副組長としてのイメージも内外に与えているので、実例の余りない2通の絶縁状となっていると考えられる。

逆に言えば、それほどまでの存在感があるということになる。

ではそうした「状」の効力をどう測れば良いのか——下された処分の重さこそ、神戸山口組の持つ組織の力に他ならない。極道の筋論から言えば、神戸山口組は、六代目山口組を処分された親分衆らが結成させた組織なので、「状」に効力がない。ところが、この元来の認識が通用しないほどの勢力を神戸山口組はすでに築き上げているのである。

問題は「パワー」。処分した側の組織が、処分された側の組織と同等か、あるいは上回る「力」があれば、いかんともしがたい状況になるであろう。六代目山口組から離脱した神戸山口組がそうであったように、たとえ「絶縁」されても「パワー」次第で支持する他組織が出てくるのだ。

ちなみに発行した状や届けられた状は、破門、絶縁、除籍、引退、就任にかかわらず、各組織によって保管されるのであるが、近年では全てデーター化させ、場合に応じてプリントアウトされることもある。その理由は他組織が処分している元組員を拾い上げた場合に、保管していた回状を突きつけて、拾い上げた組織にクレームをつけるケースが多かったからである。逆に言えば、処分したとはいえ、その後、回状を回していても、保管を怠っていれば相手サイドにも「知らんな」と言わせることにもなりかねない。

また、現在では警察当局に「組員」として認定されると暴力団である証として「Gマーク」がつけられる。だが、ヤクザ社会から足を洗いGマークを当局に外してもらう際にも、処分状を警察署まで持参することは多い。

絶縁状

拝啓　時下御尊家御一統様には益々御清祥の段大慶至極に存じ上げます
扨而　今般
神戸山口組若中　織田絆誠こと金　禎紀（50才）神戸市在住
神戸山口組若中　池田　幸治（50才）兵庫県尼崎市在住
右の者　任侠道に反して不都合の段多々有り執行部一同協議の結果
平成二十九年四月三十日付を以て絶縁と決定致しましたので御通知申し上げます
敬具

平成二十九年四月

神戸山口組本部

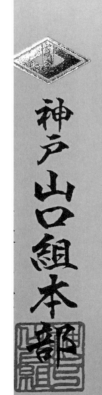

絶縁、破門を無視すれば…

5月10日の午後6時頃、千葉県松戸市で銃声が上がった。銃弾が放たれた車両には、松戸市内を本拠にする元稲川会直参、六代目箱屋一家・中村豪総長が乗っていた。銃弾があたらなかったのは不幸中の幸いであると言えよう。

実は中村総長は、稲川会から破門処分されていたのだが、その後も組織を解散させることなく、渡世を張り続けていたと言われている。そうした経緯から、捜査関係者は「処分を巡るトラブルが犯行の動機ではないか」として捜査が進められているのだが、真相は本稿執筆時までにははっきりしていない。

かつての「状の効力」は、こうしたトラブルが起こってもおかしくないほど絶対「だった」のだ。過去形にしたのは、先に触れたように日本最大のヤクザ組織である六代目山口組の分裂に際し、これまでの不文律を大きく変える大義を神戸山口組が説いてみせたことで、回状の効力を一変させたからである。

任侠団体山口組にそれに並ぶ大義が認められれば、今回、織田代表ら幹部に回された絶縁、破門も通用しないことになるかもしれない。

だが、それを生み出せなければ、必然、組織は衰退の一途を辿り、処分は本来の効力を発揮するのではないだろうか。

今後3つに分かれた山口組を1つにするため、もしくは混乱を収めるために、特例、例えば分裂後の回状を無効にするような措置が取られる可能性も否定できないのである。

いずれにせよヤクザ組織においては、これまでに類のない時代が来ているのは間違いない。

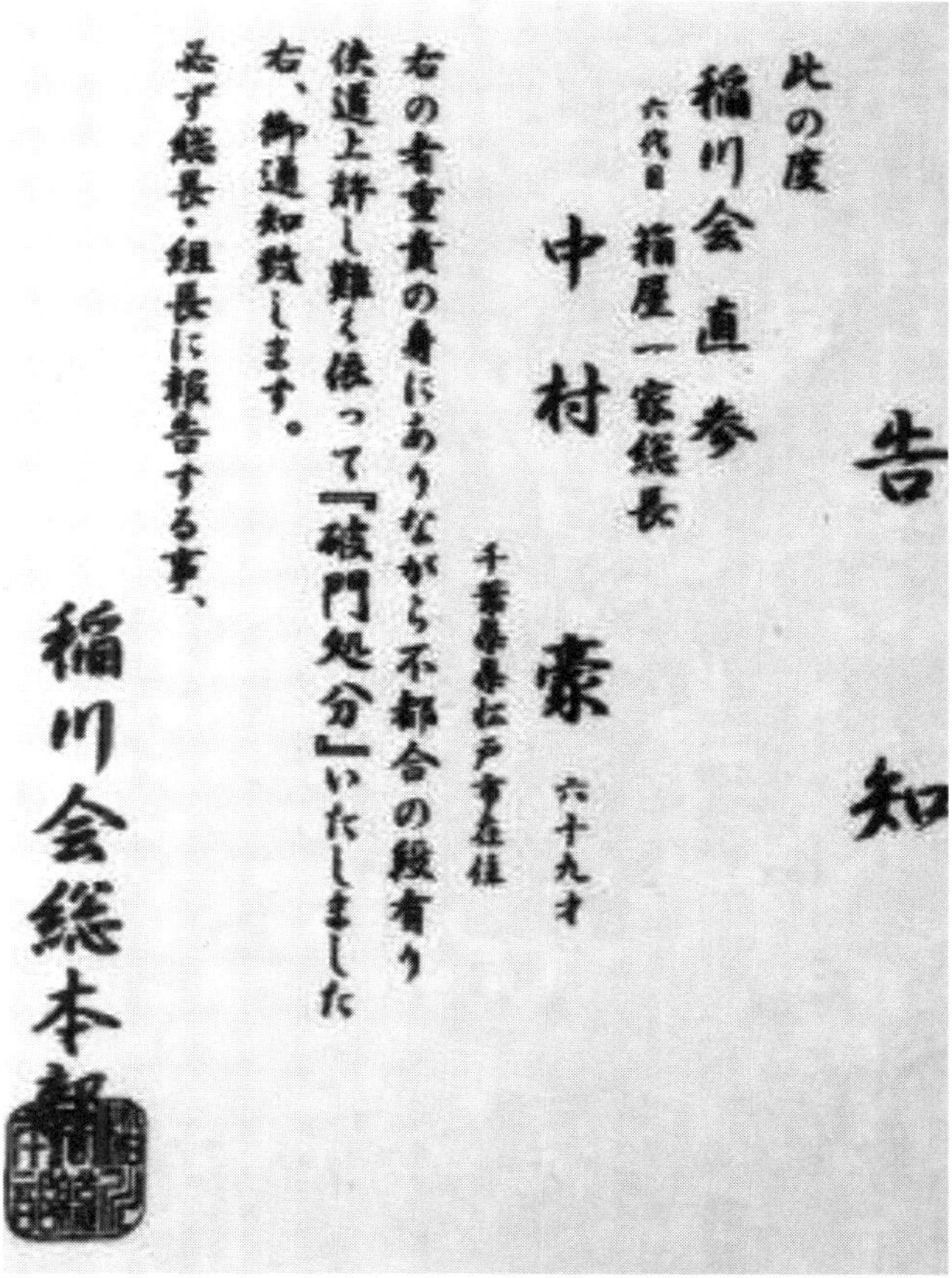

告知

此の度
稲川会直参
六代目 稲屋一家総長
中村豪　六十九才
千葉県松戸市在住

右の者重責の身にありながら不都合の段有り
侠道上許し難く依って『破門処分』いたしました
右、御通知致します。
必ず総長・組長に報告する事、

稲川会総本部

第3章　分裂の最深層から

極道の正統性

今や3つの「山口組」が存在する異常とも言える時代である。六代目、神戸、任侠団体共に綱領を同じくしているのだから、各々が主張するのは「山口組」としての「正統性」だ。はたして極道にとって正統性とは何か――。

現在、2つの「七代目会津小鉄会」が存在するが、前代未聞の事態を迎えた会津小鉄会を例として考えてみたい。

京都の雄「会津小鉄会」では2017年1月21日に、金子利典会長が跡目となった。

ところが絶縁された原田昇元若頭が、2月7日に七代目継承式を行ったのだ。どちらも「七代目」である以上、当たり前の話だが「六代目」が存在する。先代である馬場美次六代目会長が総裁（のちに、引退）となったのだから、筋論に基づけば七代目は金子利典会長となるはずだ。が、なぜそれでも原田会長が七代目を名乗ることができるのか――。

その「正当性」を担保する筋論が「後見」である。

六代目会津小鉄会の後見人は、六代目山口組・髙山清司若頭。ところが、山口組分裂を機に、神戸山口組・井上邦雄組長と縁があると言われている馬場美次元総裁は「六代目」側に後見を断る意向を示していたと言われている。しかし、後見された側が「後見」を断ることはタブー。「六代目山口組」側が承服するはずもなく、こうした流れの中で2つの「七代目会津小鉄会」が発足したのだ。

2月7日に「七代目」となった原田会長の後見人は六代目山口組・竹内照明若頭補佐で、六代目山口組・司忍組長が初代を務め、髙山若頭が二代目を務めた六代目山口組の本流、三代目弘道会の会長である。その式には取持人、見届人、立会人に至るまで六代目山口組の直参が居並んでいた。

これこそが、原田会長の主張する「正統性」だ。

ただし、ヤクザ組織は後見人の有無に関係なく、トップを中心とした執行部で組織運営がなされている。会津小鉄会は独立組織であるから、運営に他から口を挟むことはできない。そして原田会長は、馬場元総裁から「絶縁」を言い渡された。金子七代目に異を唱え、六代目体制の若頭が七代目を名乗ったのではなく、六代目体制で処分された者が七代目会長を名乗ったという構図になる。

原理原則に照らせば、この「筋」はなかなか覆しがたい。

他方、ヤクザには「力」の原理原則がある。力で相手をねじ伏せれば、「一分の言い分」を「大義」に変えることもまかり通る社会だ。そうなった場合、決して無視することのできない存在こそ神戸山口組だ。六代目山口組の支援を受けた原田七代目側が強引な歩みを見せれば、これまでの状況から神戸山口組が沈黙を守り続けるとは考えにくい。

この時点ではまさか第三の山口組が誕生することなど夢にも思わなかった。任俠団体山口組の誕生によって、極道界の再編が起こる可能性もあり予断を許さない状況が続いているのだ。

前代未聞の組織

ついに任侠団体山口組の組織図が明らかになったが、それはこれまでのヤクザ社会の組織図とは全く異なるものである。具体的に言えば「国防隊長」「治安維持隊長」「情報戦略局長」という役職名がある。これまでさまざまなヤクザ社会における組織図を見てきたが、このような役職を目の当たりにしたことはない。確かに織田代表は、前述した週刊現代5月20日号のインタビュー記事中で、任侠団体山口組の最終目標は「脱反社」であり、「治安維持」と「テロ対策」を行う「民間国防隊」を目標としていることを明言しているが、ある業界関係者は、この組織図を見てこう感想を漏らした。

「これは、暴排条例（暴力団廃止条例）を意識してのものなのか。それとも本気で治安維持や国防といったものを目指して活動していこうと考えているのか。役職だけを見ていると、ヤクザ組織というよりも右翼的団体に近い印象が強い。しかし警備隊長は聞いたことがあるが、警護隊長という役職まであるのか。その違いもわかりにくい」

わかりにくいのはもっともで警護も警備も英語では「ｇｕａｒｄ」である。より厳密には警護は「ｅｓｃｏｒｔ」で、警備は「ｄｅｆｅｎｓｅ」となる。

「警護」とは、人について非常事態の発生を警戒して護ることであり「警備」とは、破壊、盗難等の事変に備え、警戒や防備を行うことである。この関係者の漏らした感想は、ヤクザ社会に身を置く誰しもが思うことだろう。

それ程、任俠団体山口組の組織図は前例のないものなのだ。

この人事の中で注目されるキーマンは一体、誰なのか。神戸山口組系列組織の幹部に話を聞いた。

「肩書きはさておき、再分裂の前からその実力に定評があるのが、今回、山健連合会会長に就任した金澤成樹会長だろう。金澤会長は、これまで自らが率いていた武闘派として鳴らしていた三代目竹内組を、副組長だった宮下（聡）組長に譲り、山健連合会の会長職に就任している。金澤会長こそ織田代表の懐刀と言われている人物として、関係者の間でも注目を集めている」

同じく三代目竹内組の副組長を務めていた浅野敏春浅野会会長も、任侠団体山口組の直参に昇格を果たしている。

しかし一方で、任侠団体山口組の内情を知る六代目山口組系組長は冷ややかだ。

「プラチナの代紋というのは、我々、山口組という菱の代紋の下で生きる者たちにとって、いわば憧れであったはず。それを1人親方や2人親方にまでつけさせる意味が本当にあるのか。組織的な思想や活動内容には興味を持てないが、役職云々以前に、プラチナの代紋の値打ちを下げることは良くないのではないか」

肩書きの特異性よりも、「プラチナの代紋の多発化」にこそ「山菱」を軽くしてしまうことを懸念している極道は少なからずいるようだ。新しい試みを実践する際には批判的な反応を示すのが世の常ではあるが、組織全容が明らかになった後、さまざまな意見が飛び交っているのが実情だ。

ともかくも「脱反社」を目指す組織図を見て、警察当局は「暴力団はどこまでいっても所詮は暴力団」と切り捨ててしまうのか。六代目、神戸、両山口組に与える影響も含めて、今後の展開に注目したい。

仁侠団体 山口組

代表

織田絆誠（大阪中央）

本部長

四代目真鍋組 池田幸治（兵庫尼崎）

本部長補佐

三代目古川組 山﨑博司（兵庫尼崎）

山健同志会 久保真一（大阪守口）

舎弟

石澤組 石澤重長（長野）

樺山総業 樺山典正（大阪淀川）

北村連合 北村隆治（大阪西成）

直参

二代目平山組 芥川貴光（茨城）

浅野会 浅野敏春（長野）

雅新会 新井孝寿（兵庫尼崎）（情報戦略局長）

絆神会 安藤廣幸（兵庫神戸）（警備隊長補佐）

壱誠会 壱岐国博（兵庫明石）

絆勇会 伊庭元治（大阪住之江）

二代目太成会 川村悟郎（大阪堺）

二代目織田興業 紀嶋一志（大阪北）（組織統括）

小嶋会 小島大享（兵庫神戸）（警備副隊長）

三代目鈴秀組 権藤 聡（大阪寝屋川）（渉外委員）

勇侠会 冴木勇二（新潟）

杉秀会 坂本正次（大阪浪速）（治安維持隊長）

張本組 張本 勝（兵庫西宮）

三代目北村組 阪東 浩（大阪西成）（渉外委員）

二代目姫野組 日高竜志（大阪西）（渉外委員）

薩州連合会 福井誠則（鹿児島）

極誠会 福原 恵（大阪淀川）（警備隊長）

二代目志闘会 前田貴光（兵庫神戸）（警護副隊長）

組織	氏名	本拠地	役割
京滋連合	大谷榮伸	京都	
山健連合会	金澤成樹	長野	
二代目植木会	植木 亨	福岡	

相談役

組織	氏名	本拠地	役割
秀誠会	木下秀夫	大阪此花	
土倉組	土倉太郎	大阪中央	

組織	氏名	本拠地	役割
三代目臥龍会	木村政明	東京	
田中興業	田中 守	大阪生野	
三代目東海連合	花田哲雄	静岡	
牧野興業	牧野元義	東大阪	

組織	氏名	本拠地	役割
誠連合	上杉正義	千葉	
三代目絆連合会長	大島毅士	大阪中央	（国防副隊長）
絆粋会	岡林篤志	大阪藤井寺	（国防隊長）
三代目北竜会	加藤直樹	北海道	
三代目矢倉会	金山健一	大阪堺	
輝侠会	加茂輝幸	京都	
三代目川中組	川中健史	長野	（国防隊長補佐）
二代目柏田組	佐藤栄城	東大阪	
絆侠連合	柴田眞治	東京	
三代目鶴城組	武田信夫	東京	
泉州連合会	田中勝彦	大阪堺	（慶弔統括）
誠義会	夏木政雄	兵庫神戸	（警護隊）
三代目絆連合総長	西川純史	大阪西成	（渉外委員）
四代目本江組	林 隆生	富山	
六代目紀州連合会	松下 愼	和歌山	
二代目大下会	松谷雅史	大阪岸和田	
二代目勢道会	松山政信	東大阪	（事務局長）
四代目竹内組	宮下 聡	長野	
牟田会	牟田秀次郎	兵庫神戸	（警護隊長）

※図中の地名は本拠地、組織名・氏名・役割は6月2日時点。舎弟と直参は五十音順で敬称略

就任　四代目山健組・中田広志若頭

分裂騒動のさ中にある神戸山口組にあって、その中核団体こそが「山健組」だ。その「山健組」傘下団体の「保守本流」と言えば、五代目山口組・渡辺芳則組長を初代に持つ「健竜会」に他ならない。神戸山口組・井上邦雄組長も「健竜会」の出身である。

その五代目健竜会・中田広志会長が、任俠団体山口組結成後の間もないタイミングで、四代目山健組若頭に就任した。

中田会長とは、どういう人物なのか――。

中田会長は任侠団体山口組・織田絆誠代表と双璧をなす実力であると前述した。六代目山口組分裂以前の段階でも、プラチナ（直参）へと昇格し、執行部に名を連ねていても、なんら不思議のないほどの実力者であるという印象が強いからだ。

中田会長も織田代表と同じく若い時から地元では有名な存在で、「十代の頃から和歌山県内不良グループの中では伝説的存在であった」と当時を知る関係者は明かす。神戸山口組の井上組長は「情の人」と慕われるが、超がつくほどの武闘派である中田会長もまた「情の人」としての評価が高い。

特に懲役に行った組員に対しては格別であるという。

一般の人にはわかりにくいかもしれないが、懲役の励みはなんと言っても手紙や面会など「シャバからの声」。泊まり込んで24時間事務所内の雑務を行う「当番」や、組織運営の業務で時間を取られる「用事ごと」などを頼まれるのは誰でも嫌なものである。ところが、塀の中ではそうした事務所の用事もしたくなるし、何より組の人間からの声は励みになるものなのだ。

某組織のベテラン幹部が証言する。

「待っとるか待ってへんかわからん嫁はんや彼女の存在なんかよりも、組の人間からの面会や手紙はありがたいもんや。懲役行っていた人間だって、そんな思いもシャバに出た途端に普通は忘れてしまうもんなんやが、中田会長は違う。懲役の辛さを経験上知ってはるからこそ、自分が盃を下ろした若者には、毎日ハガキを書いてシャバからエールを送ってはるんや。毎日やで。マネができることやない」

徳島刑務所時代には、中田会長が猛者揃いの懲役囚の居並ぶ1つの工場をまとめ上げていたと語り継がれている。そうした長期刑に服役した経験を持つことからか、中田会長は拘禁生活を余儀なくさせられている組員をとにかく大事にしている。私の服役中にも、ある健竜会の直参幹部が、中田会長から毎日のようにハガキが届けられることを誇らしげに口にする姿を目撃したことがあり、「さすがは健竜会の当代をとられる人は違う」と感心させられたほどだ。

ハガキを服役中の若い衆たちに、毎日届ける。簡単なように見えて、社会の雑務に忙殺されればされる中で、なかなかできることではない。ましてや、健竜会会長である。公私共にその忙殺も一般の比ではないはずだ。

金やカタチ（物品）を与えるだけではなく、若い衆の気持ちを一番に考えることができるのが五代目健竜会・中田会長なのだ。人心掌握に長けた人物が四代目山健組の若頭に就任し、神戸山口組においてもその影響力が増すことになる。

神戸山口組にとっては、織田代表の離脱、そして分裂の痛手を補うだけの効力が十分にあると言えるのではないだろうか。

爆心地「古川組」の異変

兵庫県尼崎市にある、古川組事務所で結成式を行った任侠団体山口組だが、その古川組では新たなる動きがあった。

現在、古川組は二代目古川組・古川恵一組長が引退することなく神戸山口組幹部の要職を務めているのにもかかわらず、三代目古川組が結成され任侠団体山口組に加入するという歪な状況が続いている。会津小鉄会が2月に分裂し、両団体が共に「七代目」を名乗ることと似ているが、「二代目」「三代目」の2つの古川組が併存する異常事態に陥っているのだ。

二代目古川組は神戸山口組系屈指の有力団体の事務所を本部に動き始めたと言われ、三代目古川組は任俠団体山口組が結成式に使用した本部を拠点に活動する。

5月28日には、任俠団体山口組の定例会がその古川組事務所で行われたのだが、「四代目山健組の内部分裂ではないことを証明してみせるために、あえて尼崎で定例会を行った」(山口組ではない団体の組員)

とされている。

ところが、この数日前の5月22日に、任俠団体山口組の中核団体として活動する三代目古川組を激震が襲った。任俠団体山口組結成時に本部長補佐だったほどの実力者で、三代目古川組の組長代行も兼任した三代目琉真会・仲村石松会長が任俠団体山口組を離脱。二代目古川組・古川恵一組長と合流したのだ。

古川組長は尼崎にある同本部内で複数の大手週刊誌を集め、記者陣のインタビューに今回の事態を説明した。

要約すると以下だが、古川組長はこう明かした。

「三代目を譲った覚えはないあの日の晩（4月28日）、私は焼き肉屋で晩飯を食うとったんです。そこへ真鍋の池田（幸治任俠団体山口組本部長、四代目真鍋組組長）が来たんです」

そこで池田本部長は、古川組長に

「実は山健が割れたんや、東京も大阪も全滅や。せやから黙って引退してくれ。山﨑に代を譲ってくれ」

旨迫ったと古川組長は言う。それに対して古川組長は、

「私は『(言い分）はわかったよ。俺は1人になっても古川組二代目としてやっていくよ。これだけは、よう覚えとけ』と、言ったのですが、彼らいわく、それが代目を譲ったという話になるんですよ。あの時は、一体何を言ってるんだ、という思いが先で、頭の中を整理するのがやっとでした」

その古川組長に合流した、琉真会とはいかなる組織で、仲村会長とはどのような人物なのか――琉真会は、山口組入りする以前は、１９６０年代から内部分裂を繰り返し、長

きにわたり沖縄本土で繰り広げられた「第四次沖縄抗争」で勇名を馳せた。当時は東亜友愛事業組合（現・東声会）の沖縄支部だった組織で、三代目山口組系大平組内古川組に加入と同時に、琉真会と名称を新たにしたと言われている。その知名度は全国区で、分裂以前の初代古川組、二代目古川組内で影響力を拡大してきた組織なのだ。

クライシス

　発足当初に作成されたとされる任俠団体山口組の組織図によると、三代目古川組組長・山﨑博司組長は、任俠団体山口組では本部長補佐を務めている。そして、仲村会長は本部長補佐を務める予定だった。本来なら、二次団体組長とその組長代行が、上部団体において同じ要職に就くことなどあり得ない。

　ここからも、仲村会長や、率いる琉真会という組織の実力が、任俠団体山口組内部でも屈指の存在であったことがうかがえる。

預かりとなっていた大興會は…

二代目古川組の古川組長を残して、全ての古川組傘下団体が任俠団体山口組へと参画していたと当初は報じられたが、それが誤報であったことは明らかだ。二代目古川組の預かりという立場だった大興會という団体は、中村彰宏会長が社会不在を余儀なくされていることなどから、任俠団体山口組の結成式には参加していない。

実は、古川組やその傘下組織を巡る複雑な動きは、2015年の六代目山口組分裂時にも起こっている。地元関係者がこう明かす。

「二代目古川組体制発足当時に若頭を務めていたある関東の組織は、六代目山口組が分裂した後、古川組を離脱している」

この原因は関東における縄張り問題にあったようだ。地元関係者が続ける。

「二代目古川組が六代目山口組から神戸山口組に移籍した際に、この傘下組織は関東の山口組以外の組織から、『神戸に行くのであれば、出ていってもらわなければ困る』と言われた経緯があったため、現在は古川組から離脱し、六代目山口組にも神戸山口組にも所属しない『一本』という形で組織を運営している」

六代目山口組にとっても、同団体との関係性を重視する山口組以外の組織にとっても、古川組の動向は常に注目されてきたのだ。実は、この「一本」となった関東の組織を巡っては、神戸山口組が分裂する4月28日の数日前に、六代目山口組側に動きがあったとされている。地元関係者が続ける。

「その元古川組の関東組織のトップの元に、六代目山口組最高幹部の1人が訪問し、なんらかの会談が持たれたようだ。時期が時期だけに『勧誘だったのではないか』などと、さまざまな噂が飛び交った」

そういった動きが事実であるとするならば、六代目山口組サイドも今回の神戸山口組の分裂を、早い段階から掴んでいたのかもしれないということになる。本稿執筆時点でその組織が六代目山口組、もしくは神戸山口組、はたまた任俠団体山口組に加入したという話は流れていないものの、今後の注目の1つとなっている。

そもそも古川組は、同じく尼崎市内にあった初代大平組傘下であったが、三代目山口組時代に直参へと昇格を果たしている。一方、大平組は2014年にその名称を封印しているが、二代目大平組時代に若頭を務めていたのが、大興會の中村会長で、その大平組の伝統を受け継ぐ組織として発足したのが、「大平を興す會」つまり大興會なのだ。

ちなみに、この大平組の初代組長こそが、山口組史上初となる「本部長」の重職を務めた大平一雄組長で、その伝統を四代目山口組時代から六代目山口組時代まで二十数年にわたり守り続けたのが、二代目大平組・中村天地朗組長（引退）である。

私がつかえていたから言うのではない。私が見てきた親分衆の中で、一番の極道は誰かと問われれば、「中村天地朗」という親分に他ならない。

第４章　尼崎アウトレイジ――尼の大親分・中村天地朗元組長

親分の名は

ここまで多くの親分衆に「組長」の肩書きで書いてきたが、中村親分についてそれをすることはできない。引退して堅気になった今でも、多くの思いがあることをご了承いただきたいと思う。

まさか今回の分裂で中村親分の「尼崎」が舞台になるとは——。

1944年生まれの中村親分は、17歳の時に鹿児島県甑《こしき》島から尼崎にやってこられた。

尼崎には鹿児島の人たちでつくられた県人会という親睦団体があり、先に同じ甑島から尼崎にやってきていた血縁関係がある五代目山口組、近松組組長を頼ってのことである。

1950年代当時の尼崎と言えば、三代目山口組舎弟丸三組が支配しており、中村親分の渡世のスタートは丸三組の部屋住みからということになった。その後、丸三組・陳三郎組長の運転手を務め、組長がどこに出かけられても、車外に出て何時間でも待ち続けたという。

雨が降ろうが雪が降ろうが不変である。

やがて尼崎の街の〝裏の顔役〟は、丸三組から大平一雄組長が率いた初代大平組へと変わっていったのだが、そのさ中に間違いが起きることになった。相手は「殺しの軍団」と怖れられたY組。何度かの切った張ったがあったのだが、ある大物親分の取り持ちで、相手方が大平組本部へと話し合いに訪れることになったという。

だがまだ納得いっていなかった親分衆がいた。それがのちにプラチナへと昇格されていくF親分やM親分。そして中村親分らであった。

話し合いが終わったものの、出てきたところをヤクザの仕事——命を奪う——をこなした実行犯こそが、Ｙ組との話し合いに納得できなかった親分衆の中で最年少であった中村親分だ。

こうして、親分はジギリをかけられることになったのだった。

逮捕後に接見へとやってきた弁護士は、あまりにも名高い先生であった。中村親分に先生は、こう口火を切ったという。

「もうええから正直に話せ。そしたらワシが君の弁護を引き受けたる」

しかし中村親分は一言こう答えるのみ。

「ワシ一人でやりましてんっ」

あくまで自分の考えでやったことと供述しており、他に累が及ばないように沈黙を守り続けていたのであった。すると先生は、細いため息を吐き、こう言い残して席を立ち、帰っていったという。

「もう一回よう考えろ。また来る」

そして数日後、再び接見へとやってきた先生は、前回と同じ
「もうええから正直に話せ。そしたらワシが君の弁護を引き受けたる」

だが親分が返した言葉も変わらない。

「ワシ一人でやりましてんっ」

このやり取りは3度続いた。

そして3度目に訪れた際に先生はついに、こう切り出した。

「全部、正直に喋れば早く出られる。早く出られなお母さんも悲しむぞ」

と。それに対して親分が返した言葉がこれであった。

「親一人、子一人でずっとやってきてまんねん。人のことを、ああでもないこうでもない言うてはよ出てきてもお袋は喜びませんわ」

これを聞いた先生は、

「気に入った！　弁護引き受けたる！」

となったのである。

実は、この話を親分の口から直接聞かされたのは、引退される数日前のことだった。もちろん大平組の人間は、誰しもそのことを知っていた。だが、中村親分という人は、決してそういうことを自ら口にしない。自分の全ては自分がわかっていれば良い、という姿勢で政治的なことも、自己喧伝するようなパフォーマンスも一切望まなかった。

だからこそ、間近でその生き様を見てきた私にとっては、引退の状を取り消され、処分された挙句、ご丁寧にその状がメディアで大々的に報じられたことが耐えきれなかったのだ。その時には私もカタギになっていたので、何をすることもできない。いや現役だったとしても、何かできる力などあろうはずがなかった。

だけど私には、ペンがあった。

メディアから流れる赤文字で記された親分の名前を見ながら、「オレが物書きとして有名なって、いつかオレの筆で、どれだけ親分が凄い人やったか世に知らしめてやろう」と心に誓ったのだった。

しかし親分は「元」となったその後もなんら変わることがなかった。故人となられた親分衆の命日には、六代目、神戸山口組問わず、運転手を一人だけ連れて墓参りへと出かけている。

その姿勢は、組を率いていた頃と全く変わらない。極道は生き方と人は言うが、肩書きがなくなってもなお不変の生き様を貫ける人がどれほどいるのか――中村親分のお供で、現役時代、伝説のヤクザと言われた「ボンノの親分」こと菅谷組、菅谷政雄組長の墓前へと墓参させていただき、手を合わせた際には身の引き締まる想いとなったものである。

最後の博徒で知られた波谷組波谷守之組長の墓前にも、中村親分は参りに行かれていたのだった。

尼崎――その後

結成時の記者会見から、初の定例会開催と順風に見える任俠団体山口組だが、系列下部組織から神戸山口組に舞い戻るところが次々と出ているとの話が飛び交い、すでに四代目山健組の直参組織という厚遇で神戸山口組に復帰した組織まである。

5月18日には神戸市三宮で、神戸山口組系組織と任俠団体山口組系組織との間で一触即発の事態が起き、兵庫県警がすぐさま駆けつけるほどの事件が起きたという噂まで流れた。

神戸山口組分裂後、表面上は双方静かな立ち上がりと見えなくもないが、水面下では熾烈な攻防が繰り広げられているのだ。

緊迫の中、任侠団体山口組の初定例会が開かれた

大義と矛盾

二代目古川組の古川組長は神戸山口組の一員として琉真会本部でインタビューに答え、任俠団体山口組は三代目古川組本部で結成式や初の定例会を開催するなど、両団体とも「古川組」の存在にこだわりを見せている。

その一番の理由は、四代目山健組という大組織の存在に関係しているのではないだろうか。

ご存知の通り、神戸山口組のトップは、その中核団体である四代目山健組の井上邦雄組長が兼任している。その井上組長体制を公然と批判して、四代目山健組を割って出たのが、任俠団体山口組の織田絆誠代表だ。これをもって、今回の分裂は四代目山健組内の権力闘争が発端ではないかと見る向きがある。

こうした見方に対して、神戸山口組も任俠団体山口組も、有力団体である古川組を自陣に置くことで、

「今回の分裂は単なる山健組の内紛ではない。もし、そうであるならば、三代目山口組時代から直参だった伝統ある古川組が、自分たちに賛同することはない」

ということを強調したいという可能性がある。両団体は古川組を傘下に収めることで、自分たちが「私利私欲」「不平不満」の末にできた組織ではなく、山口組の正統な流れを汲むものであるという大義の裏づけにしているとも思えるのだ。

大義と言えば、任俠団体山口組の織田代表がインタビューで明らかにしたのが、今後は「脱反社（反社会的勢力）」を図り、治安維持や犯罪抑止活動をする民間国防隊としての役割を担うというものだが、捜査関係者によれば、最近、それに矛盾する動きがあったという。

「5月18日に尼崎で約20人近くの任侠団体山口組系組員が集まり、繁華街を練り歩くような動きを見せ、地域住民からの苦情が寄せられた。治安維持を謳うのであれば、住民を不安視させるような動きをすることは違うだろう。結局、組織力を見せつけるかのようなデモンストレーションを取る行為自体、なんらこれまでの暴力団と変わらないではないか」

こうして尼崎という土地や古川組に注目が集まる中で、一連の動きを六代目山口組はどのように捉えているのか。特に注目されるのが現在、府中刑務所に服役する六代目山口組最高実力者の髙山清司若頭の存在だ。三代目弘道会について、「強さの秘密は高い情報収集能力にある」と断言する者は多いと書いたが、髙山若頭こそが情報分析の中心とされる。その髙山若頭には、一連の事態がどのように伝えられているのだろうか――5月22日、琉真会本部事務所内で記者陣を前に自身の進退について、古川組長はこのようなことを述べたそうである。

「ケジメですから、最低限ヤクザのルールだけは守っていかなければならない」

言外に、先々の決意が含まれているように感じてならないのである。

4年前のこと、分裂を迎える以前の六代目山口組の定例会へと私が代理出席するために向かっていた車中で、同席していた古川組長は誰に呟くでもなく、過ぎゆく窓の外の景色に目をやりながら、このようなことを口にしていた。

「オレは出世を、あきらめた男やからな」

その言葉が脳裏で鮮明に蘇ったのであった。

古川組長が吐露した心情とは…

拠点を巡って…

任侠団体山口組の結成式から、初の定例会開催と相次ぐ事態に、極道界では一躍、全国区での注目を浴びるようになった兵庫県尼崎市。二代目古川組と三代目古川組が併存することも「尼崎ブーム」に拍車をかけた要因の1つであるが、任侠団体山口組においてNO2の重役を担う、池田幸治本部長が率いる四代目真鍋組もまた、同じく尼崎に本拠を構えている。

神戸山口組が誕生した際に、一時的に新設された「幹事」という役職には、四代目真鍋組から最高幹部の名が連ねていたことからその実力のほどはうかがえる。

同じ尼崎にありながら古川組との違いは、分裂していないというだけではない。

三代目古川組からは兼任する形で有力幹部らが任俠団体山口組の直参に昇格している。対して、四代目真鍋組からは、池田本部長以外誰も任俠団体山口組の直参へと昇格を果たしていない。

これについて地元捜査関係者は、こう分析する。

「真鍋組自体の組織力を保持するためと、無用な派閥をつくらせないために、古川組とはまた違った組織運営を取っているのではないか」

だが今後任俠団体山口組が尼崎市内で報道陣を集め、大々的な会合を開催する可能性が低いのも確かだ。その理由は、「ゴールデンウィークの真っ只中である4月30日の日曜日に古川組事務所で結成式を開いたことで近隣住民の苦情が殺到している」（前出・地元捜査関係者）というもの。分裂後、初となる定例会も5月28日の日曜日に開催したことで、三代目古川組本部事務所の周辺は騒然した状態が続いてしまったのだ。結成式の近隣住民からの苦情を受けて、今回の定例会に際しては、詰めかける報道陣に対して当局サイドも一定の規制を張り対応にあたっていたのだが、次回もそういったことが続くのであれば、なんらかの処置が取られる可能性が高い。

街並みは現在、「ひとまず」の平穏を取り戻しているが…。

任俠団体山口組に新戦力が加入

5月末に一人の「俠」が社会復帰を果たした。6月2日、その人物が地元、福岡から向かった先こそが、尼崎にある四代目真鍋組本部。出迎えたのは、任俠団体山口組首脳陣。もちろんその中には、任俠団体山口組・織田絆誠代表の姿もあった。

俠の名は、二代目植木会・植木亭会長。

スラッとした出で立ちは、俳優のように渋く、博多では知らぬ者はいないと言われている武闘派である。

「織田代表直々の出迎えを受けても、おかしくないほどの実力者」

植木会長を知る地元関係者はこのように話しているが、その武功の歴史とはいかなるものか――。

数々の武勇伝を持つ植木会長であるが、中でもその名を世間に知らしめた事件は、なんと言っても2005年に起こした商業施設への撃ち込みではないだろうか。その年の11月9日に西部読売新聞が、「恐喝未遂容疑で組員ら3人逮捕　トリアス発砲事件でも捜査／福岡県警」と題してこう報じている。

〈福岡県警は9日、同県粕屋郡内の不動産会社役員（77）から約束手形を脅し取ろうとしたとして、福岡市南区清水1、指定暴力団・山口組系組幹部植木亨容疑者（52）ら3人を恐喝未遂容疑で逮捕したと発表した。不動産会社は、6月に発砲された同県久山町の複合商業施設「トリアス久山」に事務所があり、県警は関連を調べる方針。

ほかに逮捕されたのは、ともに職業不詳の福岡市早良区百道浜1、松井清（56）、佐賀市巨勢町、石川雅寛（45）の両容疑者。

調べによると、3人は5月、北九州市内の土地売買で振り出された約束手形（額面500万円）2枚を持っていた役員に「手形を取り返しに来た」などと言い、脅し取ろうとした疑い〉

また、09年10月6日には、西部読売新聞が、「組長らを逮捕監禁容疑などで逮捕＝福岡」と題して、こう報じている。

〈中央署は5日、福岡市中央区平尾2、指定暴力団山口組系組長、植木亨容疑者（56）ら男女3人を逮捕監禁、傷害容疑などで逮捕した。発表によると、植木容疑者らは5月、飲食店経営の男性を乗用車で同市南区のマンションに連行し、男性の左手小指に大けがを負わせた疑い。植木容疑者は8月、男性を脅し、けがを負わせたことについて500万円で和解したと、うその示談書などを作成させた疑い〉

独立系組織のある幹部がこう明かす。

「今回の出所前から、植木会長の元にはさまざまなスカウトが来ていたと言われており、出所後の動向に注目が集まっていた。その上で選んだ組織が任俠団体山口組ということだ。

植木会長は、実の兄想いで知られており、植木兄弟と言えば、福岡で知らない者はいない。配下の組員も多いので、任俠団体山口組にとって兄弟の加入は、士気向上をもたらすことは間違いない」

植木会長が任俠団体山口組を選択した理由は、織田代表の常日頃からの姿勢ではないかと私は考える。織田代表という人物はとにかく人を大事にしており、引退された私の親分に対しても引退後、ずっと細やかな心遣いを配られていた。服役中の植木会長の心情を動かしたのもそうした織田代表の姿勢だったのではないか。

本部長補佐として植木会長が加入したことで、任俠団体山口組は九州に組織力を拡大させることになった。

六代目、神戸山口組いずれの組織からプラチナが移籍していないとはいえ、任俠団体山口組には、京都から京滋連合が加入し、今回は九州福岡から武闘派組織が加わった。どこまでその勢力を伸ばすのか――。

二代目愛桜会会長惨殺犯逮捕

ヤクザの人権を毀損するほど強烈な法規制下でも、分裂後に事件は起きた。まさかあの時、六代目山口組の直参の地位まで昇格し、六代目山口組にして屈指の有力団体三代目弘道会・竹内照明会長とも兄弟分であった二代目愛桜会・菱田達之会長が、あんな残忍な最期を遂げることになるとは知る由もなかった。それは、「山口組系団体会長　頭から血流し死亡」と題して報じられた以下の事件である。

〈15日午後5時40分頃、三重県四日市市浜田町のビルで、同市安島、指定暴力団山口組系「愛桜会」の菱田達之会長（59）が頭から血を流して倒れているのを、菱田会長の妻らが見つけ119番した。菱田会長は病院に搬送されたが、死亡が確認された。県警は殺人事件の可能性があるとみて捜査を始めると共に、山口組の分裂を巡るトラブルがなかったか、情報収集を進める。

県警四日市南署によると、組員が菱田会長と連絡が取れなくなったのを不審に思い、妻とともに同市浜田町の4階建てビルの別宅を訪問。玄関上がり口で頭から血を流して倒れている菱田会長を発見した。すでに意識はなかったという〉（2015年11月16日・東京読売新聞）

死因は全身を棒状のもので10数回殴られたことによる外傷性ショック。「残忍」と表現したのは、『「手足拘束状態」発見の妻ら証言　山口組系幹部遺体』という記事でわかるだろう。

〈三重県四日市市で15日、指定暴力団山口組系幹部の菱田達之さん（59）の遺体が見つかった事件で、発見時に菱田さんは手足を縛られた状態だったと、遺体を見つけた妻らが話していることが16日、捜査関係者への取材でわかった。

捜査関係者によると、菱田さんを見つけた妻（58）らが「（菱田さんは）手足を縛られていた」という趣旨の話をしており、遺体の近くに、結束バンドのようなプラスチック製のひも状の物が落ちていたという。県警は怨恨（えんこん）による犯行で、複数の人物が菱田さんを拘束して殺害した可能性があるとみている。

県警によると、菱田さんが見つかったのは、四日市市浜田町の4階建てビルの一室。15日午後5時40分ごろ、連絡がつかず不審に思った妻らがビルに入り、玄関で横向きに倒れて頭から血を流している菱田さんを見つけた。菱田さんは病院に搬送されたが、死亡が確認された〉（15年11月16日　朝日新聞）

室内には血液のようなものがついた鉄の棒があったとされている。

今から約5年前のこと。自身の親分につかえ名古屋市にある、六代目山口組司忍組長宅、通称「本家」へと当番に入っていた時のことだ。1泊2日の本家当番は、何ごともなく過ぎてゆき、午後11時前に次の当番に入るために、本家2階の入り口を開けて入ってきた人物こそ、二代目愛桜会・菱田会長であった。

菱田会長は、初代愛桜会・橋本達男会長の実子と言われている。血縁関係が発覚したのは菱田会長が初代愛桜会の三次団体幹部の頃だと言われており、一説には、当時ＤＮＡ鑑定を行い、血縁関係の証明をしたという話があった。そこから、菱田会長はめきめきと頭角を現し、橋本会長の後を継いで、二代目会長へと昇ったのである。

本家当番にやってきた菱田会長は、付きで従えて連れてきていた同組幹部２人に「当番代わったれ」と、時間前だというのに私たちに細やかな気配りを見せてくれていた。すでにその頃には、当時二代目弘道会若頭だった三代目弘道会・竹内会長と兄弟分であったほどの立場であったのにもかかわらずである。菱田会長と竹内会長は座布団（肩書き）の垣根を超え、兄弟分の絆で結ばれており、三重県から本家当番へとやってきた菱田会長のお供の手には、竹内会長への手土産が持参されていたものだった。

私の目には配下の若い衆にも決して偉そうにすることもなく見えた菱田会長だったが、身内に対しての躾の厳しさが噂になることもあり、菱田会長を批判する怪文書が撒かれたという噂まであったのは事実だ。

何より「配下組員に対しての会費の吸い上げが問題視され、六代目山口組首脳陣の耳にまで入って、叱責を受けた過去がある」という噂があった。もちろん真偽はわからないものの菱田会長殺害については早い段階から、内部犯行説が囁かれていたのもまた事実である。はたして、今年5月26日、ようやく犯人が逮捕された。

〈四日市市で2015年11月、指定暴力団山口組系幹部の男性が殺害された事件で、県警は26日、伊勢市中村町桜が丘、作業員森田勝弘容疑者（47）を殺人の疑いで逮捕し、発表した。

県警によると、森田容疑者は元暴力団幹部の横本武法（たけのり）容疑者（67）＝25日に殺人容疑で逮捕＝と共謀し、15年11月15日、四日市市浜田町のビルで、指定暴力団山口組系幹部菱田達之さん（当時59）の全身を金属のようなもので複数回殴り、殺害した疑いがある。

森田容疑者は過去に横本容疑者と同じ山口組系の傘下組織に所属していた。森田容疑者は「直接手は出していないが、〈横本容疑者を〉車に乗せて現場に連れて行ったことに間違いはない」と供述しているという〉（17年5月27日　朝日新聞）

横本容疑者は、菱田会長から絶縁処分を下される前の現役時代は、会内でも「うるさ型」として知られた人物だった」と地元捜査関係者が語っている。その「うるさ型」の横本容疑者を菱田会長が絶縁処分にしたことが事件の引き金となってしまったのだろうか。

「一昨年の分裂時に、菱田会長は、『このケンカは三重で止める』と公言していたほど。その死には、三代目弘道会・竹内会長も相当、心を痛められていたはず」

と地元関係者は語る。神戸山口組は関西の組織を中心に結成された。「三重で止める」ということの意味は、三代目弘道会の本部がある名古屋市に入る前に、自分が食い止めるという決意である。

空前絶後の六代目山口組分裂という悲劇後、三代目倉本組・河内敏之組長は自決し、菱田会長は惨殺された。横本容疑者の逮捕により、分裂との因果関係ではないと明らかになっているのだが、仮に分裂という事態がなければ、また違った結果となっていたかもしれない。

帰り仕度を終え、本家を後にする際、菱田会長に「叔父さん、ご苦労様です。失礼します」と挨拶したのが、なぜかついこの間のように思い出されてならない。

第5章　神戸山口組・井上邦雄組長逮捕

6・16 府警によるトップ〝再逮捕〟の影響

私がかつて所属していた組織、二代目大平組の組長・中村天地朗親分と、同組若頭でもある中村会の中村彰宏会長（当時）が同時に逮捕され、留守を任された時のこと。

電話の向こうから、温かい声色が聞こえた。

「なんかあったら言うてこいよ」

私は、

「はい！　失礼します！」

と大きな声で返事をし、電話が切れるのを確認してから静かに受話器を置いた。

腕に覚えのある者がひしめくこの世界にあって、この短い一言でどれほど多くの強者たちが奮い立たされてきたことか。

当時、六代目山口組の阪神ブロック長であった四代目山健組・井上邦雄組長は、私のような枝の組員にも、終始一貫、このように温かい言葉をかけてくれていた。

ちょっとした一言からでも、その人の懐の深さは伝わってくるものだ。

親分に代わり代理出席した分裂前の六代目山口組定例会。開催場所である総本部の大広間を出て、同じくブロック会議に出席するために移動しようとした私に対して、井上組長は
「おっ、行こか」

と言葉をかけてくださったが、この一言が、慣れない総本部の中に置かれた自分にとって心底救われた思いがしたのであった。

あれから、もう4年の月日が流れた。

6月6日、その井上組長が兵庫県警に逮捕され、衝撃が走った。知人名義で携帯電話の機種変更をしたことが詐欺容疑にあたると発表されたのである。

逮捕の噂は、前日である5日正午あたりから、さまざまな尾ひれ羽ひれを伴い、瞬く間に業界関係者、マスコミ関係者へと広まっていた。それもそのはずである。井上組長と言えば、四代目山健組の頭首であることはもちろん、神戸山口組数千余のトップに君臨する、リーダーであり象徴なのだから。

「京都府警が逮捕する」

「いや、兵庫県警が携帯電話の詐欺容疑ですでに逮捕している」

「いや、任意で兵庫県警の取り調べに応じ、明日出頭するようだ」

「それについて、山健組最高幹部らが、花隈（山健組本部）に集結しているらしい」

情報が錯綜した翌日に、逮捕は現実のものとなり、メディアが一斉に報じる事態へと発展したのだ。

同時に広がったのは、疑問の声だった。他人名義での携帯電話の機種変更が、本当に詐欺罪にあたり、逮捕までされることに法的な正当性はあるのだろうか。

この事案について問い合わせると、ある法曹専門家は、このような見解を示した。

「暴力団だからと一括りにし、警察がこのような事案を事件にすることに裁判所は疑問符を打たないのか」

すなわち、無理筋な逮捕で、検察が公判を維持することは不可能だろうと言うのだ。捜査当局が本当に逮捕したい案件がある時、別件で逮捕する場合がある。別件逮捕の容疑を「引きネタ」と呼ぶのだが、今回も、

「これは引きネタではないか」

と指摘する地元関係者も少なからずいる。「当局の狙いは別の事件にある」と言うのだ。

それは、今年1月に起きた会津小鉄会の分裂、いわゆる「京都の乱」である。

七代目の跡目を巡って会津小鉄会内部が、六代目山口組派と神戸山口組派で分裂を起こし、「山口組の代理戦争」と言われたこの騒動では、組事務所で組員同士の衝突が起こり、傷害事件にまで発展している。

「この事案では、会津小鉄会組員だけではなく、騒ぎに駆けつけた六代目山口組組員や神戸山口組組員らも一斉に逮捕されるのではないか」（前出・地元関係者）

と言われてきた問題だ。しかしこのような小競り合いに井上組長自身が直接関与した疑いがあると、当局は本当に考えているのだろうか――ヤクザ事情に詳しい関係者はこう述べる。

「井上組長ほどの立場にある人が、そんな事態に関わっているはずはないと当局も知っているはず。組織トップの使用者責任を問うという線も考えられますが、それなら当時対立していた六代目山口組の司忍組長も対象になるはずだが…」

ただし、会津小鉄会の騒動については、当局は誰かしらを逮捕することに躍起になっていると言われている。その理由があるのだ。前出・地元関係者が続ける。

「組事務所で衝突が起こった際、暴行を受けた組員がその事実を携帯を通じて関係者に訴え出る様子がカメラに映り、それがメディアでクローズアップされてしまった。あれをやられると、警察も動かざる得ない」

この懸念通り、6月16日に詐欺容疑が処分保留となったものの、井上組長はその場で京都府警に、傷害と暴力行為等処罰法違反の容疑で再逮捕されることとなった。

組織トップを重罪に問えるだけの容疑だけあって、その進展が注目されているのである。

神戸山口組は…

今回、神戸山口組は、任俠団体山口組との分裂騒動の真っ最中である。神戸山口組のトップ、井上組長が逮捕された影響は、はたしてあるか——当事者である神戸山口組系組員を直撃した。

「確かに驚きとショックは大きい。だがすでに神戸山口組首脳陣および山健組では、このような事態に起きた時の対応は協議されていた」

組織運営において「最悪の事態」は織り込み済みで、分裂問題においても、大きな障害が起こることはないという。

親―子の疑似家族制度によって形成されるヤクザ組織にあって、そのトップが逮捕される衝撃は大きい。ましてや今回は、前述したように、その人格、実力が圧倒的な井上組長の逮捕である。一方で、常にトップが不在になるというリスクを抱えるヤクザ組織では、不測の事態にあっても組織が揺れ動くことはないようにしている。残された者も逆に一致団結し、井上組長の帰りを待つだけということなのだろう。

さらに、今後は前述した会津小鉄会を巡っても当局のメスが入るだろう。

警察庁が六代目山口組と神戸山口組が対立抗争状態にあると認定したのは、16年3月のこと。認定後、今年の6月5日までに19都道府県で抗争が原因と見られる事件が47件発生。5月28日現在までに、逮捕者は六代目山口組側が1394人、神戸山口組側が891人とされている。ここに任俠団体山口組が加わるのか――3つに分かれた山口組に対する当局の一連の動きは、これに乗じて、各組織の弱体化を図りたい警察を加えた〝四つ巴〟の争いへと突入し、新たな局面を迎えようとしている。

任侠道とは

真冬の川底からごみを拾い続ける屈強な男たち。ある者は背中一面に入れ墨を入れ、小指を欠損した男もいる。

凍てつく冷気の鋭さに「遭難」の二文字が頭をよぎるほど辛い作業。はたして、ならず者たちは何をしているのか――「任俠」を実行しているのである。

ヤクザとしての生き様とされている「任俠」。だが、ヤクザと関与するだけで、処罰される世にあって、「任俠」の「今」とは何か。それを解き明かすことで、「ヤクザと社会」

の関係の「今」も見えてくるだろう。

日本最大のヤクザ組織「山口組」には、中興の祖、三代目・田岡一雄組長が定めた綱領がある。

2015年に「山口組」は「六代目」と「神戸」に分裂し、そして今回さらに「任俠団体」が発足されたが、3つの山口組共に綱領は同じで、冒頭は、

「山口組は俠道精神に則り国家社会の興隆に貢献せんことを期す」

実は山口組のみならず、ヤクザ組織は「暴力団」ではなく「任俠組織」なのだ。

「任俠」とは「精神」だが具体的に言えば、無償で人様の世話を焼くこと。「弱きを助け」もここから来ている。

本来、任俠を重んじれば重んじるほど、赤貧洗うがごとしとなるはず。

「ワシは人の世話やお節介を焼いて生きとるから、銭金なんていらしませんねん」

と「任俠」を貫けば、その者は十日もせぬうちに干からびてしまうであろう。渡世入りしたとはいえヤクザも人間。家族を持つ者もいるし、人としての営みは常にある。

また、組織に属している以上、警察の言う「上納金」、ヤクザの言う「会費」を毎月納めなければならない現実もある。ヤクザは付き合いとしてことの他「義理ごと」を大事にする。一般社会で言う冠婚葬祭だが、ヤクザの場合は出所、引退なども「義理」に含まれる。関東の広域組織系組員が、納められた香典の金額を数えながら「義理が減った」と嘆く通り、気持ちだけで済まないのが「義理」だ。

ヤクザの「精神」で無償を旨とする「任侠」は、ヤクザの実生活と同等には成立しない。組織の幹部クラスならまだしも、末端の組員は日々に忙殺されて「任侠」が説明できないどころか意味さえわからないのが現実だ。しかしヤクザはどこまでも「任侠の追求」を主張する。

現役時代、その理由は見当もつかなかった。おそらくそれは自らを正当化するものではない。元幹部となった現在思うのは、実は「任侠」こそ、実社会とヤクザ社会を繋ぐ「装置」ではないかということである。

いくら「任侠団体」を主張しようと、ヤクザの理屈は一般と離反している。親分や組織のために罪を犯し懲役に服することを「身体をかける」と呼び美徳とするが、これとて社会的に見れば犯罪だ。敵対組織の幹部を弾いたことは手柄とされるが、これも相手が命を落とせば殺人。刑執行中には税金も使われる。ヤクザの事務所の隣に住みたい人はそう多くはないだろう。

「渡世」の言葉通り、「ヤクザ」と「社会」には隔たりがある。しかしそうした組織でも、「奉仕活動」「社会貢献」などを行うことで、一般社会での存在をわずかに許されてきたわけだ。その装置こそが「任侠」。無職渡世と言われながらも社会の片隅で博打を開帳し、「おめこぼし」として放置されてきたのはその証だろう。

批判対象から不要物に

山口組だけでなく、全てのヤクザが「任俠」に重きを置き、標榜して生きているのは、「渡世」にいながらも社会構成員の１人であるという自覚の表れでもある。ヤクザの基本は暴力だが、暴力集団が暴走しないのは「任俠」という装置があるゆえと言えよう。

しかしこれまでも「任俠精神」の実践は批判されてきた。三代目山口組・田岡一雄組長は１９６４年の新潟地震と山陰北陸豪雨に、支援物資を送ったが、当時の新聞では「暴力団の点数稼ぎ」と、報じられることとなっている。

が、ヤクザと社会の関係を一変させる法律ができる。それは1992年に施行された「暴力団対策法」、通称「暴対法」。これによってヤクザは「批判対象」から、社会の「不要物」となる。暴対法は次々と改正され、ヤクザの生息域は狭められていった。そして2011年、東京都と沖縄県で暴排条例が施行され、全国での同条例施行が完了する。ヤクザは不要なばかりか、関与するだけで処罰される対象となったのだ。

こうしてヤクザと社会の関係は「断絶」した。「任侠」は不要どころか、「処罰対象」となったのだ。困ったのは、ヤクザ側だけではない。例えば、町にある小規模なスナックやラウンジでの「債権回収」が滞るようになった。

水商売には必ず「帳面」（ツケ）を、ため込む客が存在し、中には「テッポウ」（踏み倒し）する客も出てくる。1人の客が月2万円帳面しても、10人いれば20万円、年間なら240万円。商売をしていればわかろうが、小規模店舗では死活問題である。しかも「テッポウ」する客は、荒らくれ者や、地元の有力者など回収しづらい場合が多い。こうしたツケを、警察は民事不介入で取り合わない。少額であるがゆえに、裁判を起こしても時間と費用がかかり損となる。

そこで経営者は知り合いのヤクザに依頼し、回収してもらっていたのだ。店側と取り立てたヤクザで、回収額を折半するのが暗黙のルール。泣き寝入りするよりは、少しでも取り戻せると店も喜び、お小遣いが入るヤクザも助かる。店にとって「強き」をくじき、店という「弱き」を助けるということで、債権回収は、「任侠」の現実的な形の1つだった。無償とはいえ現実の「任侠」は、金銭授受を伴う。

それが任侠であるか否かは、依頼者との間の「ウィンウィン」が成否を分ける。依頼した市民とヤクザの両者が少しだけ得して、はじめて「任侠」となり得る。ところが、暴排条例以後、依頼した側も処罰されることとなった。では任侠精神がどのように具現化されているのか――その象徴が冒頭の川掃除である。

春夏秋冬、毎週起床朝4時

六代目山口組が総本部を置く神戸市灘区には、総本部に隣接するかのように一本の川が流れている。

川の名称は都賀川。

山口組が分裂という空前絶後の事態に発展するまでの数年間、「阪神ブロック」（兵庫県と大阪の一部の直系組織）に身を置く組員たちの手によって、都賀川とその周辺で清掃活動が行われ続けていた。発案者は、当時、阪神ブロックのブロック長であった、現、神戸山口組・井上邦雄組長。井上組長の指令のもと、春夏秋冬の季節を問わず、雨の日も風の日も川掃除は毎週実行された。理由は

「灘区で総本部を使用しているので、せめてものご奉仕」

というものだ。

その活動に特に力を入れていた四代目山健組は、毎週率先して清掃活動を行っていた。当初は井上組長自らがお忍びで見回りに来ていたほどで、毎回、参加する組員には井上組長からの差し入れが届けられていた。

余談だが、一昨年の夏の六代目山口組分裂時に井上組長に人望が集まったのは、こうした日常的な「情」が作用した面もある。

しかし「暴排条例」を意識して参加組員への規律も厳しく、近隣住民とは挨拶以外の私語厳禁。目立たない服装の着用義務はもちろんのこと、明らかに人相の悪い組員は参加を許されないほど、徹底した隠密活動が義務づけられたのだ。

人相が悪いことにかけて多少なりとも自信のあった私だが、気がつくと所属組織の清掃活動責任者となってしまう。清掃は阪神ブロックの地域ごとにA班とB班に分かれ、総責任者が四代目山健組幹部の会長が務め、B班の班長を毛利組幹部が務めることになったものの、A班の班長を他ならない私が務めることになってしまっていた。

隠密であるがゆえに、活動は陽が昇る前の薄暗闇に開始する。参加組員たちは朝4時に起床し、高速道路に乗ってやってきていた。近隣住民の目撃を警戒し、陽が昇りきった午前中には撤収することが常。春になれば、若者たちが行うバーベキューの残骸処理に一苦労させられ、真夏には川辺のアスファルトが焼け焦げるほどの陽が降り注ぎ、ある幹部が熱中症で倒れたこともあった。秋には大きく掲げられた「暴力団追放」の看板のもと、掃いては積もり、舞い落ちてくる落ち葉にうんざりしたものだ。

当時の参加者の多くの本音は、売名行為と騒がれ、清掃活動が廃止されることだった。だがヤクザの世界は、親が言えば白も黒。誰も褒めてくれない苦厄を、本音をこぼさず行っていた。今でもその活動に従事していた組員間の連帯感は強く、現役、元どころか貫目（ヤクザの地位）も問わず、固い絆で結ばれている。任俠団体山口組に対する傷害容疑などで逮捕された、池田真吾池田会会長が分裂直後、私に

「仕事がんばってんの？　同じ川掃除した仲やから、応援してんで」

と、電話してきてくれたのも、この繋がりである。

「一罰」は「百戒」とならず

16年に起こった熊本地震においても、被災地に事務所を置く「2つの山口組」の傘下団体は、当時各々支援活動を行っていた。しかし自発的にそれを広報することもなく、むしろ報じられることを嫌がっていたという。

さて「誰にも知られず褒められてはいけない生き方を全うする」ことが任侠の置かれた「今」なのだが、普通の人たちは当然こう思うに違いない。

「任俠精神の実行は慈善事業ではないか」

と。まさにその通り。慈善事業を行う団体と違って、活動をアピールしない分、潔いとさえ言えるだろう。

もはや「任俠」の主体がヤクザである必要性があるか、ないか、も疑わしい。それどころか、「任俠」という実社会との接点であり、暴走抑止の装置が破壊されたヤクザは、社会から見れば不必要な存在になってしまったのかもしれない。

「必要悪」などという陳腐な言葉で正当化するつもりはないが、ヤクザ排除の弊害が出ているのが現実であろう。いみじくも、分裂前の11年に、六代目山口組・司忍組長は産経新聞のインタビューにこう答えている。

〈任俠を守っていこうとしているが、取り締まりが厳しくなればなるほど、潜っていかないといけなくなる。それを一番危惧している〉

その危惧の1つの象徴が「半グレ」と呼ばれる、模糊とした犯罪集団の跋扈だ。ヤクザ組織に所属しない「半グレ」は、例えば振り込め詐欺といった特殊詐欺で莫大な被害を生み出し、社会問題となっている。

錯覚してはならないのは、「半グレ」はヤクザ組織に所属していないだけで、ヤクザと無縁ではないことだ。ヤクザ幹部が個人として「半グレ」を舎弟にしていたり、ケツ持ちを依頼される関係になっていたりすることがほとんど。また法規制が緩く、緩やかな上下関係で派手に稼げる「半グレ」に、アウトロー人口は集中しつつある。「水の低きにつくが如し」ではないが、「任俠」を規制されたヤクザは暴徒に人を奪われ、暴徒と接近し、自ら暴徒となりつつある。

一方で、私は暴排条例の効果もかなり高く評価している。ヤクザの人権を毀損するほど強い法規制がなければ、3つに分かれた今回の分裂劇は、途方もないほどの血で血を洗う抗争に突入していたことだろう。

山一抗争では一和会側19人、山口組側に10人の死者が出たが、六代目山口組分裂と、神戸山口組分裂によって、これ以上の抗争に発展していたことは間違いない。

問題は、ヤクザの果たしていた代わりを果たす機構が不在なことだろう。

先述したように、町の商店の債権回収を、迅速に処理してくれる機構はない。それほど行政が「ヤクザ」をなくしたいなら、本当に「官製ヤクザ」をつくり、組員たちの受け皿をつくれば良いのではないか。

ヤクザに与えた「一罰」は「百戒」ではなく、ルール無用の次の悪を産み、ヤクザのわずかに残された「善」をも駆逐してしまった。

それでもあえて述べれば、ヤクザはそして「任俠」は存在するのである。

あとがき　大義とは

極道が喧嘩をするには、そこに理由がなくてはならない。その理由こそ「大義」なのである。喧嘩だけに限らず、極道がコトを起こすには、必ず大義が必要とされ、大義なき行動は全て「仁義なきこと」と位置づけられている。

そんな極道社会において絶対視されたのが、盃であり、処分に対する状であったのだが、その絶対を超えたのが、神戸山口組と言えるだろう。

そして今回、それをも超えようとする任俠団体山口組が結成された。

どの世も勝てば官軍と言われるように、特に極道社会はその傾向が強く、大義イコール力であることは確かではないだろうか。

大義と同じく重要なのが、物事に対するケジメということになる。

100年を超える歴史を経て、3本の道へと分かれることになった山口組ではあるが、この先、どういった結末を迎えるのかは、私などには皆目見当もつかない。

だが、極道社会がある限り、菱の代紋が永遠に存在することだけは間違いないであろう。

本書作成により、さまざまな関係者各位にご協力や取材をさせていただきましたこと、心より深謝致します。

また、出版にあたって、サイゾー社の揖斐社長様。多数のご教示をいただきました、西岡研介先生、鈴木智彦先生、花田歳彦先生。そして数々の助言を賜りました週刊誌の担当編集者の方、新聞社の若手記者の方。

最後に友人の猫組長には、切に感謝致しております。十数年の私の浅はかな経験では、おこがましくも拙さすら補えていないとは思いますが、本書に携わっていただきました全ての方々に御礼致し、ご容赦いただけましたら幸いであります。

平成29年6月吉日

沖田臥竜

元山口組二次団体最高幹部・作家
沖田臥竜（おきたがりょう）
・1976年2月生まれ
・兵庫県尼崎市出身。
元山口組二次団体最高幹部。
・所属していた組織の組長の引退に合わせて、ヤクザ社会から足を洗う。以来、物書きとして執筆活動を始める。著書に「生野が生んだスーパースター文政」（サイゾー）等。現在は雑誌、新聞、ネット媒体とその活動の幅を広げている。

2年目の再分裂
「任侠団体山口組」の野望

2017年8月3日　初版第一刷発行

著　者　沖田臥竜
発行者　揖斐　憲
発行所　株式会社サイゾー
〒150-0043　東京都渋谷区道玄坂1-19-2 スプライン3F
電話　03-5784-0790（代表）

印刷・製本　株式会社シナノパブリッシングプレス

ISBN 978-4-86625-091-5